パチン
パチン

チチ…
チチ…
パチ
山ノ内テツロー62才
スチャ
定年退職後
嘱託社員として
勤務中
ジャブ
一人暮らしも
板についてきた
妻は次女の住む
マレーシアで
楽しくやっている
妻・フミコ
次女・ミズキ
…
最近の悩み…
朝が楽しめない
パンくわえて
走るような
元気がほしい…
ムリあるか…

楽しめない理由はなんとなくわかってる
晩酌して…
!!
つい夜ふかし
うっかりソファで寝ちゃったりして
Z
起きると体がもったりしている…
朝ごはんを抜くのだが
この時間に小腹がすく…
グゥ〜
山ノ内さんおかき、いかがですか？
おみやげです
あ、ありがとう…
おかきはうまいが
ポリ
これは、よろしくない…
ってことで
!!
トンッ
今夜は、ここまで！
!!
ムクッ
チチチ…

今日は出勤前にモーニング！
駅前のコーヒーショップ？
立ち食いそばもありかな
ん？
喫茶 きつね
OPEN
喫茶 きつね
この店…
喫茶 きつね
…
きつね
この既視感…
入らざるをえない…！
カランコロン
こん…
おはようございます…

らっしゃーい！
わー！
大将……！
テツローさん
久しぶりやな～
え？
その格好…
こちら、かつては
「のみ処《どころ》きつね」の
大将であり…
見てのとおり
喫茶店の
マスターや！
大将でもええけどな
本当の正体は
ドロン！
朝ごはん、
食べてってや～

ま、とりあえず どーぞ
ドン!
ん!
これいいですね~
レモン水! さっぱりするやろ
はい、懐かしい感じもする…
やーじつは最近 朝ごはん抜いて 出社してたんです
食べても「ごはん・納豆」「パン・バター・ジャム」くらいしか レパートリーなくて 飽きちゃって…
くり返し…
朝ごはんを あなどる なかれ~!
MENU
わ!
えーと そんじゃ…

おまちどーう
いただきます
モリモリだ
うまい…
モグモグ
はー
満たされていく…
それ！その感じ
パズルのピースがはまったってことや！
パズル？

朝って何かが欠けてる状態やねん
水分、タンパク質、ビタミン・ミネラル、炭水化物、
あと、やさしさ…
これを補うのが朝食っちゅうパズルのピース！
パチッ
マイナスをまず0にして一日を始める！そのためのピース
パチッ
なるほど
ゴクリ
朝ごはんをそんなふうに考えたことなかったな～
パチッ
テツローさんもうすうす感づいてるかもやけど
「喫茶きつね」は仮の姿
スイッチひとつでここは…
ポチッ
ウィーン
ウィーン
ウィーン

午前7時の
朝食は「料理」にあらず「パズル」なり！
ここ喫茶きつねは、午前７時の開店とともにひそかに朝ごはん研究所となるのだった——

朝ごはん
研究所
ぴったりはまる
朝ごはんを
日々研究中！

ENERGY

エネルギーの朝

TAION

体温の朝

EIYOU

栄養の朝

研究員

丸フラちゃん、三角ちゃん、試験管さん、ルーペさん。

新人研究員

ドリーちゃん。コーヒーにくわしい。

ボス

研究所を経営するオーナー。謎。

アイコン紹介

そのメニューに、さらにピースを足す方法を紹介しています。

水分
エネルギー（炭水化物）
栄養（ビタミン・ミネラル）
やさしさ
体温（タンパク質など）

登場人物紹介

テツローさん
62才。嘱託勤務。
一人暮らし。

大将
喫茶きつねのマスター。
正体はきつね。

フミコ
テツローの妻。
マレーシアに長期滞在中。

ナナミ
テツローの長女。
息子のリュウは4歳。

朝食は「料理」にあらず

「朝って、何を食べていいかわからない」そんな声をよく耳にします。

でも、そこに正解はありません。いえ、正確に言うならば、朝ごはんの正解はあなたの中にあるのです。

ふとんから出たばかりのあなたは、約7時間の睡眠という断食の直後です。前日の食事や行動、そして7時間の断食、それを経たあなたの体には「失われた何か」が存在しています。この失われたピースを埋めるものこそ、朝ごはんの正解なのです。

朝、義務感で「食べなきゃ」となると、ついつい、

いつものおにぎり

お皿もボウルも汚れるなぁ
にぎるのめんどくさい
ふりかけ1つ買うと
ずっと同じ味
野菜もタンパク質も
とれてない

「パズル」なり

いつも食べているものや手近なものですませがち。でも、もし、失われたピースに「パチン」ときれいにはまる朝食がとれたら、このあと続く一日が、どれほど快適にすごせることでしょう。

　パズルが解けた瞬間のように、玄関を軽やかに飛び出せそうな達成感。背筋がのびて、どこまでもぐんぐん歩いていけそうな爽快感。そこから始まった一日は、いつもよりどこか心強く、頭も冴え、余裕が持てるのではないでしょうか。

　もちろん「何も作りたくない」というのも体の声。そういう日は、たった一杯の水だってかまいません。朝食は、料理未満の行動様式なのですから。

　死ぬまで付き合う自分の体に、一口の敬意を向ける。そんな、体から気持ちいい音が聞こえるような朝ごはんを日常に。それが当研究所の提案です。

パズルのおにぎり

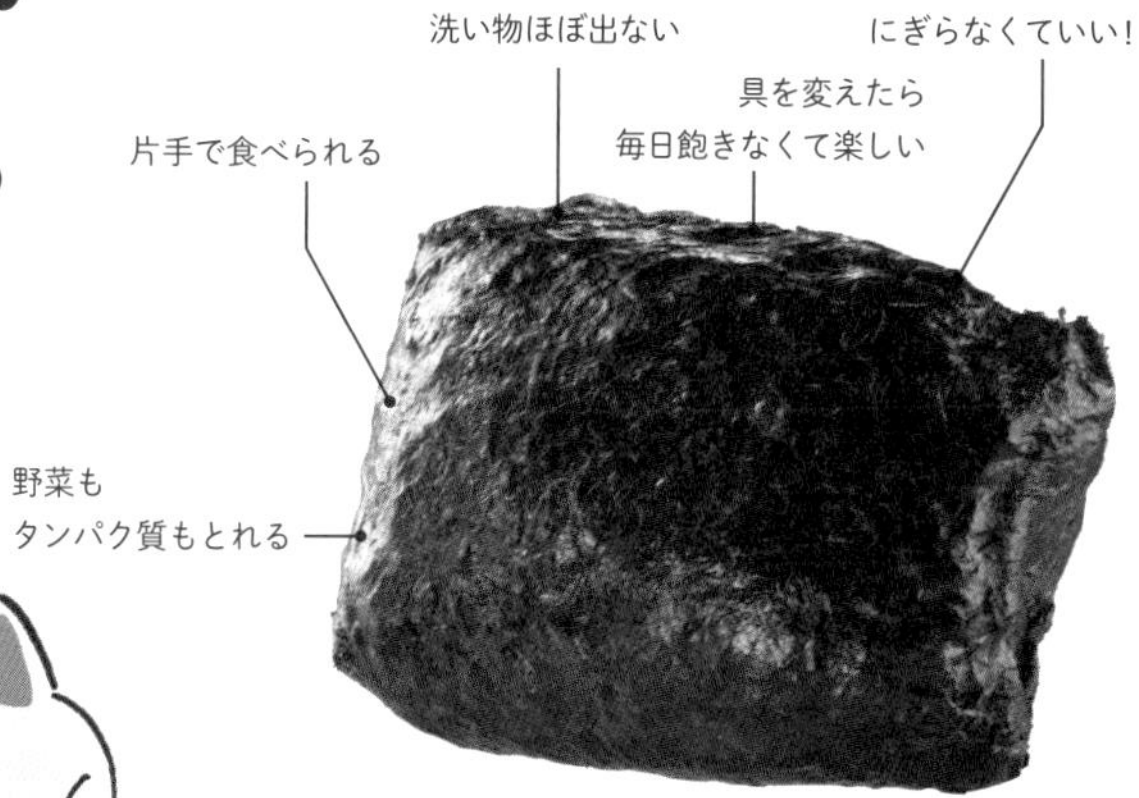
洗い物ほぼ出ない
にぎらなくていい!
具を変えたら
毎日飽きなくて楽しい
片手で食べられる
野菜も
タンパク質もとれる

パチン
パチン
パチン
パチン
パチン

ASAGOHAN

朝は何かが欠けている
それを補う
5つのピース

体温 TAION

体が冷えている
前日にいつもより動いた
前日の夕食が少なかった

栄養 EIYOU

- 疲れている
- 風邪気味、便秘気味
- 外食が続いている

あてはまるものが多い項目は
埋めると元気が出る
ピースやで

SUIBUN

喉がカラカラ
前日アルコールを飲みすぎた
前日の夕食が遅く胃が重たい

YASASHISA

お腹がすいてない
前日に脂っこいものを食べた
ストレスが溜まっている

エネルギー
ENERGY

- お腹がすいている
- 気力が出ない
- 午前中に緊張する予定がある

3日で習慣にできる

朝ごはん研究所

研修マニュアル

新人ドリーちゃん

新しい研究員が
きてくれたから、
研修マニュアル
作ったねん。
これで朝食習慣身につくで～

「めんどくさい」ってなんだろう?

「朝ごはんはめんどくさい」と
よく言われる。
忙しい時間に、
手を動かして料理をする。
眠たいのに、何かを口に入れる。
実際、食べなくても
なんとかなっているのに
わざわざ朝ごはんを食べるなんて……
という気持ちもよくわかる。
ただ、今一度、思い返してみてほしい。
めんどくさくて
朝ごはんを食べなかった日と
それを乗り越えて食べた日。
あなたはどっちのほうが、
調子よくすごせただろうか?

空腹
グゥ

10時半の後悔

朝食を作るくらいなら寝ていたい。そんな気持ちで、何も食べずに仕事に出かけた。最初はよかった。しかし、だんだん頭がぼんやりしてくる。指先が重たくなり、何かが、何かがやってくる—。ああ来た、「お腹すいた」だ。「空腹」の2文字が、脳内に電飾ではっきりと浮かび上がってきた。ええい、この邪魔者め！ わたしは仕事をしなければならないのだ！ とばかりに引き出しをあけ、いつだったか誰かのおみやげでもらったラングドシャを3枚、腹に入れる。手元の水で流しこみ、ひとまず「ふう」と落ち着いた。血糖値がガツンと上がっていく幸福感と罪悪感。そのとき10時半。なんだか毎日、こんな感じだ。

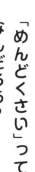

めんどくさいのしくみ

図解

めんどくさい!

めんどくささとは、かけた労力に対し、成果が少ないと感じるときに湧き起こる。

だが、労力が0だと成果も0である。0に何をかけても0だが、1の労力で成果を10にする方法がある。それが「習慣」と「楽しさ」だ。

当研究所の朝ごはんは、作る手間を最大限省きつつ、おいしさという成果を上げる工夫をしている。たとえばみじん切りにしないとか、だしをとらないとか。そしていつもと違う新しい方法を試す楽しさは、少しだけ負荷を軽くしてくれる。

こうして実際、朝にリズムができて、いいループに入れば「めんどくさい」を越えた「朝ごはんはおもしろい」の境地に達することができるのだ。

Step1

お願い! まずは1回作ってみて

動くのがだるい朝に打ち勝つステップ。食べたいメニューを、昼でも夜でもいいので、とにかく1回作ってみてほしい。どんなことでも、最初の1回がいちばん大変。でも一度重い腰を上げれば、2回目は体が覚えてくれて、作るのが少しラクになる。

Step2

朝ごはんのための買い物をする

頭がぼーっとする朝に打ち勝つステップ。スーパーで買い物するとき、どうしても夜ごはん用の食材に目が向きがちだが、朝には朝向きの食材がある。生肉や根菜ではなくハムやウインナー、サラダ菜やキャベツなど生でも食べられる野菜。当研究所のレシピの材料表をパラパラ見て、朝用の食材をカゴに入れよう。

Step3

新しい「おいしそう」をみつける

ふとんから出たくない、眠い朝に打ち勝つステップ。この本をパラッと見て、「作ったことないけど、食べてみたい」「いつも作ってるトーストだけど、フライパンで焼くとおいしいのか」みたいな発見があったら、それを楽しみにベッドに入ろう。待ち遠しい気持ちが原動力となって、朝パッと目がさめる。

明日はあんバタートースト作るんだ…
ワクワク

Step4

夜のうちに助走をつける

とにかく何もしたくない朝に打ち勝つステップ。朝の5分より、夜の5分のほうが多少はラクなので、夜のうちに「塩ゆで卵」(P122)など、朝すぐに食べられるメニューを用意しておく。また野菜をちょっと多めに切って、袋に入れておく。すると、調理の途中でゲームをセーブしている感覚になるから、朝起きたら続きをやってみたくなっているのだ。

夕食づくりのついでに多めに!

10時半の集中

カタカタカタカタ……。キーボードを叩いていると、遠くで何か声がする。「……さん……。ノ内さん……。山ノ内さん」はっ。遠くだと思っていた声は、隣の席の宇田川さんから聞こえてきたのだ。わたしはあわてて対応し、再びキーボードを叩き始める。しかし、ふしぎだ。どうして声が聞こえなかったのだろう？ もしかして老化？ 少し怖い。だが、次の瞬間ひらめいた。違う、これ老化やない、集中や！ そうなった理由はただひとつ。それは今朝食べた「ふろしきおにぎり」だ。そうか、これが、パズルのピースを埋めるということか。そのとき10時半。最近毎日、こんな感じだ。

集中!
山ノ内さん
山ノ内さーん

卒業生の声（K・Tさん）

「あ、体の声が聞こえる」

自分も昔は、朝ごはん抜いてました。でも、なんか調子悪い日が続いて、食べるようにしてから、だんだん自分に何が足りひんか、わかるようになってきたんです。けど、それってそんなに論理的なことやなくて「なんか」程度の違和感なんです。

朝ごはん研究所で、その違和感の穴を埋めるピースを5つに分類してて「これかな？」ってあたりをつけて食べるようにしてたら、だんだん一日の終わりの、買い物の仕方も変わってきました。「もう疲れたから、今日はカップラーメン食べよ。でも、ビタミンとミネラルが足りひんな。そしたらフルーツでも買うて帰ろか」みたいな。

それだけやのうて「明日は13時ごろまでお昼食べられへんな」ってわかってたら、朝食でエネルギー多めにとっとこか、って見通しも立てられる。

毎食毎食、完全な栄養バランスにするのなんて無理やけど、朝みたいにフォーマットが自由な食事で、パズルみたいに帳尻合わせるのは、わりと自分に向いてるなと思いますね。

水分は、「なんか」がなくても、だいたいの人が必要！
なんか胃が重たい
なんかイライラする
↓やさしさ（消化のよさ）
なんか最近疲れてる
なんか風邪気味なんだよな
↓栄養（ビタミン・ミネラル）
なんかけだるいな
なんか元気出ない
↓エネルギー（炭水化物）
なんか体の奥が
冷えてる感じがする
↓体温（タンパク質）

テツローさん家《ち》の台所

これがあったらだいたい作れる

酢
酒
料理酒
ざる
菜箸
ピーラー
トング
おたま
ゴムべら
キッチンペーパー
見えませんが、オーブントースター、電気ケトル、炊飯器、保存容器（袋）もあります
フライパンのふた（けっこう大事）
こしょう
ブラックペッパー
砂糖
塩
パン切りナイフ
包丁（15cm）
キッチンばさみ
まな板
フライパン（20cm）
小鍋（15cm）
計量カップ
計量スプーン（大さじ、小さじ）

シナモンパウダー
片栗粉
カレー粉
ミックスナッツ
はちみつ
ごま油
オリーブオイル
OLIVE
サラダ油

本書のレシピについて

・基本的に1～2人分、または作りやすい量になっています。
・大さじ1は15mℓ、小さじ1は5mℓ、1カップは200mℓです。スペースがないとき「大さじ1」を「大1」などと略しています。
・「調理時間」ではなく「食べられるまで○分」としています。目安です。
・電子レンジは600Wを使用しています。
・野菜を洗う、トマトやなすなどのヘタ・梅干しの種を取る、飾りの葉っぱなど、表記を省いているものもあります。
・材料表の上の写真は、分量にはなっていません。

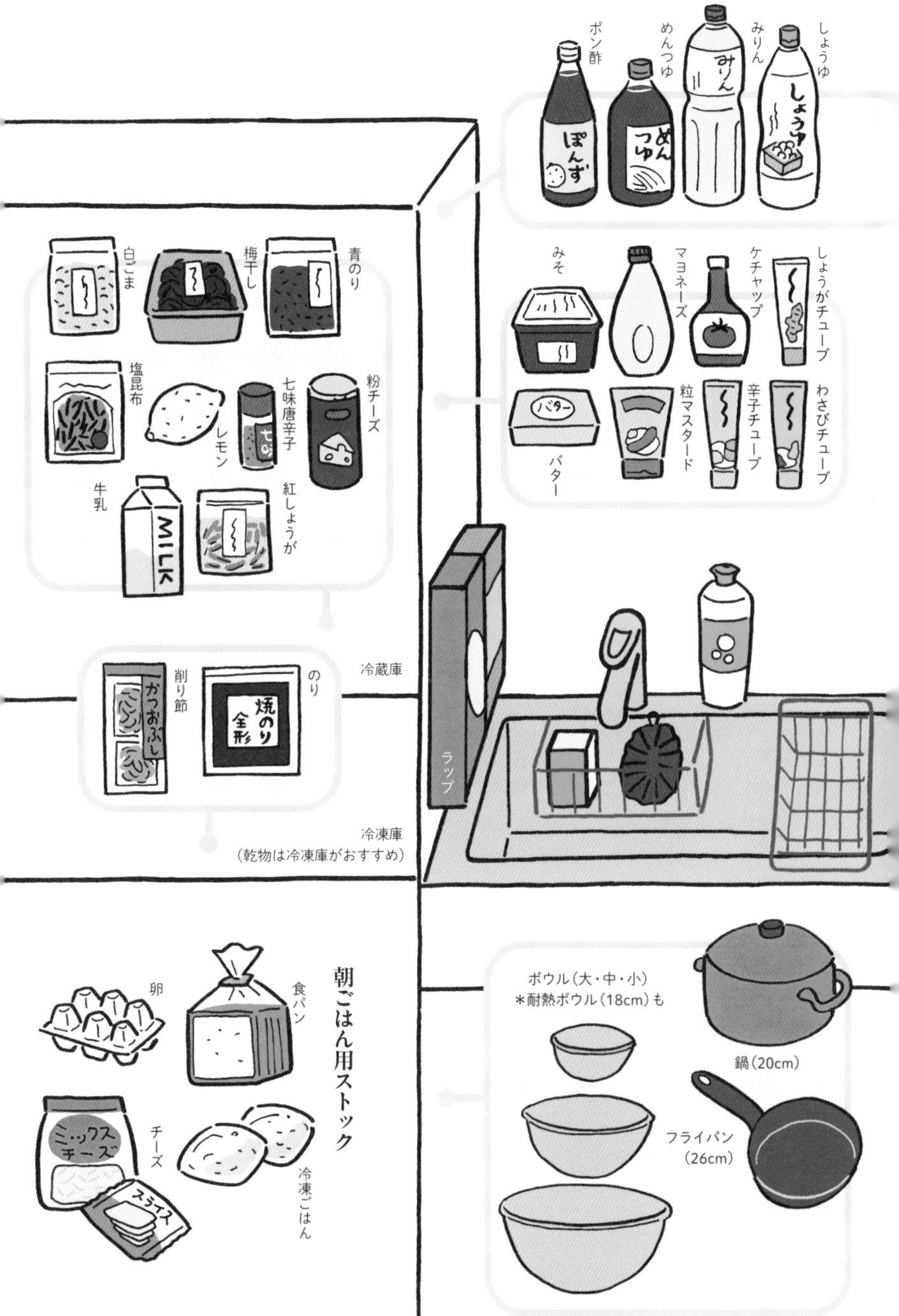
ポン酢
めんつゆ
みりん
しょうゆ
ぽんず
めんつゆ
みりん
しょうゆ
みそ
マヨネーズ
ケチャップ
しょうがチューブ
バター
粒マスタード
辛子チューブ
わさびチューブ
バター
白ごま
梅干し
青のり
塩昆布
レモン
七味唐辛子
粉チーズ
牛乳
MILK
紅しょうが
削り節
のり
焼のり
全形
冷蔵庫
ラップ
冷凍庫
（乾物は冷凍庫がおすすめ）
朝ごはん用ストック
卵
食パン
チーズ
ミックスチーズ
スライス
冷凍ごはん
ボウル（大・中・小）
＊耐熱ボウル（18cm）も
鍋（20cm）
フライパン
（26cm）

水分の朝

さてまずは
朝にいちばん大切なこれからいこか
喫茶きつね
OPEN
どん！
水…なんの変哲《へんてつ》もない、水…に見えます
水…
朝は水分！
起きたら口ん中とか乾いてること多いやろ？
寝ている間に汗で出てくし、呼気《こき》からも水分奪われてってる
ゆうべ飲んでたり塩辛い夕食やったりしたらなおさらやろ
なぜそれを……！
昨日の晩酌
干物に塩辛
体の約60〜65％は水分
40〜50％とかなったら生命維持ができひん
よって朝はコップ1杯の水を飲む！

ゴクゴク ゴクゴク
水じゃなくて
白湯でもOK
ぷは
うるおった!
これには水分補給以外の効果もある!
胃に水が入ってふくらんで
大腸（結腸）に信号が行って収縮したまった便を直腸に押し出そうとするんや
胃《い》結《けっ》腸《ちょう》反《はん》射《しゃ》って言うねん
朝はこの反射がいちばん強く起こる!
言われてみると何かがうごめいてるような…
朝はコーヒー1杯飲んだりするんですけど
それは…?
ん〜利尿作用があるから嗜好品《しこうひん》って考えたほうがええな
朝ごはんはパズルよ
あと、ビールガバガバ飲むのも水分補給ちゃうで!
あ、ですよね〜

ここで水あるあるをひとつ
トン!
飲むの、つい忘れがち
あるある
意識しないとぜんぜん飲まないかも…
そもそも水ってガブガブ飲めないですよね
運動もしてないのに…
そのとおり
だから寒天とかみそ汁とか
きゅうりみたいな水分多い食品でとることもできる!
飲みたい水分に変えるっちゅうのを研究してんねん
へーっ
次の日
パチ
ゴクゴクゴクゴク
パチッ!
よし!
つづく

SUIBUN

危険。普通の水には戻れない 浸透レモン水

朝から重いものは食べたくない。だけど、たぶん何かが欠けている。そんな朝に必要なのは「水分」のピース。とはいえ、普通の水って、一気にたくさん飲むのはけっこうしんどい。マラソン直後じゃあるまいし。

そこで、このレモン水。まろやかな酸味と静かな苦味が、良質なお茶のよう。まるでもともと体の一部だったかのように、するすると喉を通って浸透していく心地。一度始めると、これじゃないと物足りなくなる、危険なくらい健康的な水なのだ。

味だけじゃない。ビタミンCや、疲労回復効果のあるクエン酸までとれる。レモンの皮に含まれるアロマ成分「リモネン」は、免疫力を上げてリラックスさせる効果もある。そして何より、目がさめる。

朝搾《しぼ》ってすぐ飲んでもいいが、一晩ねかせることで、皮からじんわり香りが移る。おけばおくほど、皮の苦味が強く出てくるので、2日以内で飲みきってほしい。

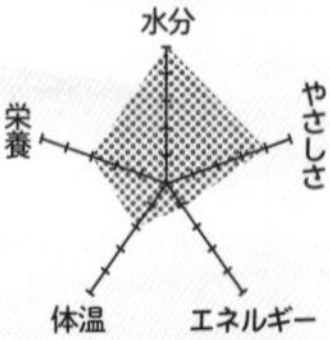

飲めるまで　3分〜6時間

↓寒い日は、お湯を足して割ると体温を下げすぎない

材料

レモン…1/2個
塩…適量
水…3カップ

作り方

①レモンは軽くぬらし、塩で皮をよくもむ。
②塩を洗い流し、薄い輪切りにする。水といっしょにボトルなどに入れて冷蔵庫で一晩おく。

軽く塩で洗うと、
汚れも落ちるし、
皮に傷がついて
香りが出やすく
なるよ

分量は、あくまで目安。コップ1杯分で作ってもいいし、ペットボトルの水に、ぐいっとレモンを突っこむのもアリ。水を飲む意気ごみを自分に伝えるためにも、ドリンクボトルを買うのはおすすめ。

柑橘《かんきつ》は、気分を一気に旬にする

春

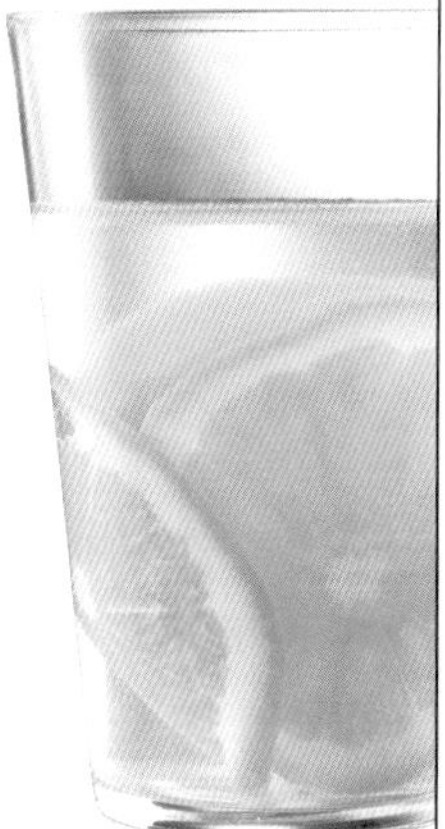

オレンジ水

オレンジのほのかな甘やかさは「朝からジュースは甘すぎる」という人にフィット。生命力のある香りで、春の舞い上がりそうな味がする。

夏

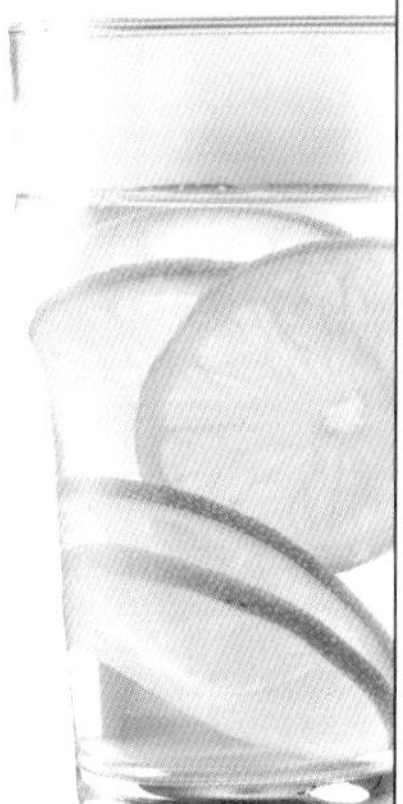

ライム水

独特のオイリーな香り。少しひねくれた爽やかさが、暑さと仲良くできそうな気にさせてくれる。レモンより苦味が早く出やすいので、分量は1/3個でじゅうぶん。

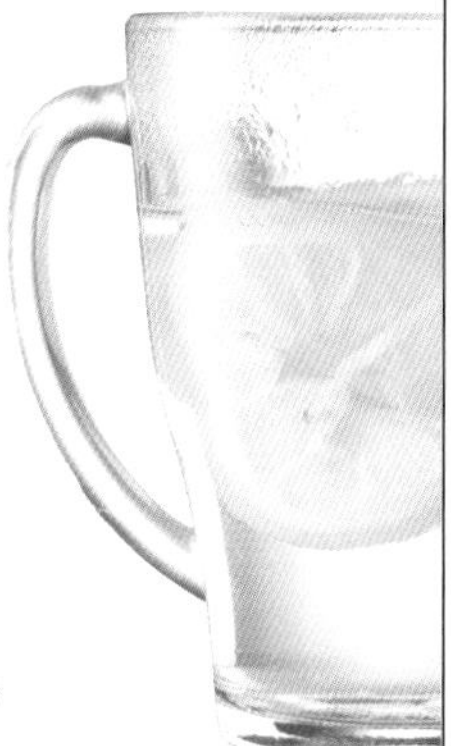

ゆず白湯

輪切りのゆずに、白湯をそそいで作る。思いのほかすっぱい。ゆずには血行を促進して、体を温める効能も。もちろん白湯じゃなく「ゆず水」もいける。

国産レモンは
秋から冬が
旬やで

大将のひとりごと
出がらしになったレモンは、きれいに皮を洗ってたら、そのまま食べちゃってもええで。自分は、夜にレモンサワー飲むから、袋に入れて凍らせて、氷代わりに使ってる。味？　ほぼないで。せや、貧乏性や……。

冷たい水では埋まらない

心のすき間に 白湯《さゆ》

喉が乾いた。乾燥してる。明らかに「水分が足りない」と脳が判断したとき、水は乾きをしずめてくれる。でも、心底疲れて何もしたくないとき、水は、ちょっと冷たすぎる。体温よりも低い温度を流しこむと、どうしても体の機能が下がってしまうから。

だから、乾いた心に必要なのは、水ではなくて白湯なのだ。なぜなら白湯は、五感を変えないから。冷たい水のような刺激も、お茶のような渋みも、ホットミルクのような栄養もない。でもそれがいい。変化はときに娯楽だが、それが負担になる日もある。

白湯は昔から、その薬効を信じられてきた。だけど「劇薬」ではなく「体の機能に負担をかけない水」なのだ。自分の体を信じ、めぐるルーティンを奪わない。「よくわからないけど満たされない」というメンタルを潤す水分、それが、白湯。

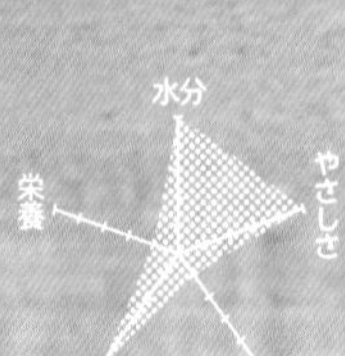

飲めるまで 8分

morning SAYU routine

実録！ テツローさんの白湯ルーティン

1

起きてすぐ、水を電気ケトル（やかん、鉄瓶）にそそぎ、沸騰させる。

POINT 白湯はただのお湯ではない。「一度沸騰したことのあるお湯」なのだ。沸騰、つまり100℃にさせると、水道水なら残留塩素などを取り除くことができる。直火だとなおよし。

2

沸騰してケトルが止まったら、ふたを取って1分ほど待ち、再沸騰させる。これを3回ほど繰り返す。

POINT 水道水を使う場合、5分以上沸騰させないと有害物質やカルキ臭を取り去れない。ミネラルウォーターなら1回の沸騰でOK。

3

止まったら、5分ほど待って、少し冷めてきたところをカップに注ぐ。

POINT 白湯は熱々ではなく、50～60℃で飲むのがいちばんいい。体温より20℃ほど高い温度を体に入れると蓄熱できるのだ。内臓の温度が1℃上がると、基礎代謝が10～20％上がる。待つ間に身支度を。

4

味わって飲む。

POINT ミネラルには味がある！ なので、朝の舌で水のミネラルを感じながら飲むとじつは「無味」じゃない。

カルシウム＝**甘い**
マグネシウム＝**苦い**
鉄分＝**舌の奥でキュッとなる**
カリウム＝**すっぱい**
ナトリウム＝**塩っ辛い**

5

体の奥がポカポカしてくる。

POINT 白湯のあったかさが体と心のすみずみにまで行き渡る。あらゆるすき間が埋まり、見えないバリアを張ったような底力がそなわる。

↓寒い日は、しょうが、山椒、ブラックペッパーなどを足すと体感温度が上がる

↓硬水で作るとミネラルがとれる

お疲れ一句
元旦の　やる気の缶づめ　あれば買う

LABORATORY

実験レシピ

の塩分濃度は？

朝のみそ汁。
食道を通って胃に落ちる温かさに、命のスイッチが入る音がする。
はたして、どれくらいの塩加減を
人はいちばん「しみる」と思うのだろうか？

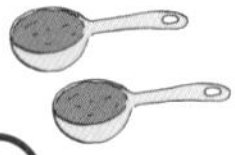

A みそ小さじ2（10g）

0.6％

「あ、薄っ」が第一印象。塩気はあるが、お湯感が強く物足りなさが残る。ただ、健康状態から塩分を控えたい研究員からは「いちばんおいしい」というコメントが。

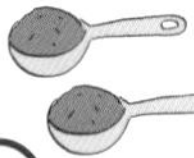

B みそ小さじ2強（14g）

0.8％

「あ、ちょうどいい」が第一印象。あっさりとした塩気が気持ちよく喉を通ったあと、舌の上に塩気がほんのり残る。これが「しみる」ということか。

平均的なみそ汁の塩分濃度は？

1カップの水に大さじ1のみそ＝1.1％

・みその塩分濃度は、全国平均でだいたい11〜13％（地域によって異なるが、信州みそ、仙台みそはこれくらい）なので、12％の塩分として計算。
・「強」は、計量スプーンすり切りではなく、やや盛り上がるくらいの量。
・再現しやすいようはかりやすい分量で実験した。

朝の体にしみる、みそ汁

1.1%

C みそ大さじ1（18g）

「あ、濃い」が第一印象。1口目は「ガツンとくる」感じがあるけれど、2口目から「あ、ごはん食べたい」という気持ちが高まってくる。みその発酵感をしっかり感じる。

1.2%

D みそ大さじ1強（20g）

「喉渇く」が第一印象。たった0.1%しか違わないのに、Cよりも「しょっぱい」という言葉が頭を占める。一口でごはん3口いけそうなので、ごはんをたくさん食べたい朝に。

結果

B＝0.8%がしみる

0.8%は、汁だけで
飲む場合やから
もし豆腐や野菜を入れるなら
Cの1.1%で作ると
最終的に
ちょうどよくなるで

正直、たった0.1%の差で、こんなに違いが出るとは思わなかった。朝は体から水分が抜けている渇望状態なので、汁物をとるのはよい。だけど、塩分濃度が高すぎると、かえって水分を排出してしまう。だから体は、体液の塩分濃度（約0.9%）に近いものを補給して、ピースを埋めようとするのだ。

テツローさんのひとりごと

みそパックのふたをあけたら入ってる、薄い紙の意味がわからないまま、人生を終えそう。

毎朝キャベツみそ汁

みそ汁にも「朝向き」「夜向き」があった

みそは「医者いらず」と言われるくらい体にいい。だから毎朝みそ汁飲みたい。だけど、だしひいて、具材煮こんで、みそ溶いて……おいおい朝から手間じゃない？　これ、毎日やるの、無理じゃない……？

まずは、だしを疑った。ここは議論になったが試しにやめてみると、あれ？　意外といい。たしかに夜、舌が鈍くなった時間帯なら、ガツンとだしをきかせたい。でも、朝、無垢な舌で味わうなら、奥から味がパキッと澄んだ「だし無し」のほうがおいしいんじゃない？

次に、具材を疑った。もちろん具だくさんみそ汁は最高だけど、いっそ1種類でいいんじゃない？　キャベツだけでも、甘みがあって、シャキッと充実。削り節を入れたら、香りもふくよか。このみそ汁なら、毎朝続けられそうな気がする。

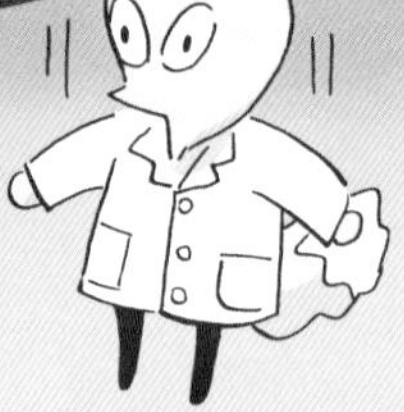

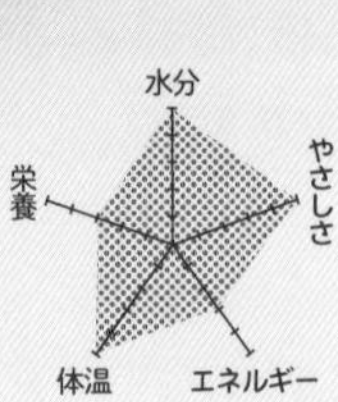
水分
やさしさ
エネルギー
体温
栄養

Data

↓みそにタンパク質が含まれているうえに、山椒、七味唐辛子をかけると午前中の体温がキープできる

↓ごま油や刻み白ごまを足すと、さらに栄養価が上がる

材料 2人分

キャベツ……1/8個(100g)
水……2カップ
みそ……大さじ2
削り節……適量

作り方

1. キャベツは4cm角にちぎる。
2. 小鍋にキャベツ、水を入れて**中火**にかけ、煮立ったら**弱火**で**5分**煮る。
3. みそを溶き入れ、火を止める。盛りつけて削り節をかける。

野菜は水から煮出すとおいしいよ。
野菜のうま味は60℃くらいでよく出てくるからね

毎朝食べても飽きない秘密

毎日同じだと、やっぱり飽きる? いや、野菜と風味を変えれば別の味。
キャベツ、玉ねぎ、なすは、うま味が出やすい野菜なので
だし無しみそ汁にもってこい。

野菜と風味の組み合わせ

野菜	風味づけ
キャベツ	削り節
玉ねぎ	辛子
なす	しょうが

みそはそもそも、うま味の宝庫。大豆のタンパク質が麹《こうじ》で分解されるとアミノ酸が生まれるし、その中にはグルタミン酸も入ってるねん

玉ねぎ辛子みそ汁

玉ねぎ(1/2個)は8等分のくし切りにする。最後に辛子を添える。お椀に顔を近づけると、辛子のツンとした香りが爽やか。玉ねぎの食感は、煮こみ5分だとシャキシャキ。とろっとさせたい場合は長めに煮ても。

なすしょうがみそ汁

なす(1本)は縦半分にして斜め8mm幅に切り、さっと水にくぐらせてから煮る。5分だと、キュッとした食感がおもしろい。おろししょうがを添えるとなすの滋味が引き立って、完全に「飲む焼きなす」。

朝まめ知識
江戸幕府を開いた徳川家康は「五菜三根」のみそ汁を毎日飲んでいたらしい。

ごはんのおかずがほしい朝

ベーコン&ウインナーみそ汁

「白いごはんがすすむような、パンチのあるみそ汁がほしい」

そんな方におすすめなのが、ベーコンとソーセージを土台にする方法。

うま味と脂が加わって、最後の一滴までガツガツ食べたい味になる。


ベーコンの正体は豚バラ肉。だから、ウインナーより甘みのある脂が出る。燻製の香りはあるが、スパイスはきいていないので、レタスやねぎ、トマトなどのやさしい野菜が合う。

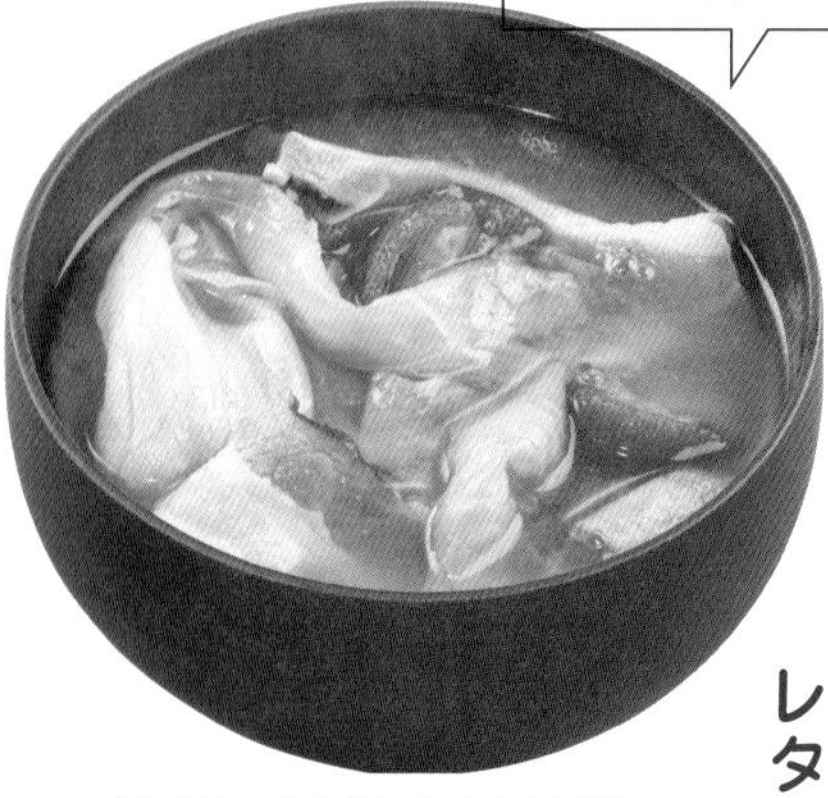

ベーコンレタスみそ汁

★レタス…2枚(100g) 大きくちぎる
★ミニトマト…4個 半分に切る
一口食べて、カッと目を見開くうまさ。トマトのうま味、そして甘みのある酸味が喉に気持ちいい。火の通ったレタスのしんなりシャクシャクした食感に、ベーコンのコクがまとわりつく。

ベーコンねぎみそ汁

★長ねぎ…½本(50g) 斜め薄切り
同じベーコンのみそ汁なのに、まったく違った汁の味。少しシャッキリした長ねぎは、ベーコンの脂がすき間に入りこみ、噛むほどにうまい。好みでとろっとするまで煮て、やさしくするのもこれまた正解。

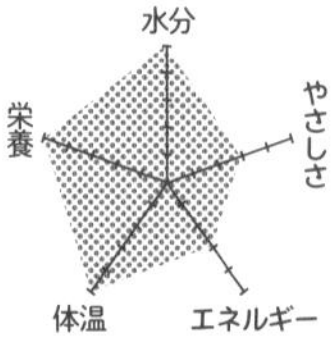

Data

↓牛乳、豆乳を足すと、タンパク質もとれ、スープ感が出る

食べられるまで **8分**

共通の作り方

材料 2人分

水…2カップ
ベーコン…3枚 or ウインナー…3本
★野菜
みそ…大さじ1

作り方

① 小鍋に水、ベーコン（または斜め3等分に切ったウインナー）を入れて**中火**にかけ、煮立ったら**弱火**で**3分**（ウインナーは**5分**）煮る。

② ★**野菜**を加え、みそを溶き入れ、火を止める。

ベーコンたちから塩分が出てくるから、みその量は少なめにしてるで

ウインナーの素材は豚ひき肉なので、脂が存在感を発揮する。複数のスパイスを使っているため、香りも味も強いから、キャベツ、玉ねぎ、パプリカ、にんじんなどのガツンとした野菜が合う。

ウインナーとキャベツのみそ汁

★キャベツ…50g 5㎜幅に切る
鼻先に燻製の香り。ウインナーは大きく切ると、塩気と食感が残っておかずになる。キャベツは先に、水から入れて。細切りだからこそ、脂が絡んでごちそう感が出る。

ウインナーと赤パプリカのみそ汁

★玉ねぎ…$\frac{1}{4}$個（50g） 薄切り
★赤パプリカ…$\frac{1}{4}$個（35g） 細切り
これは野菜を、ウインナーと同時に入れて。赤パプリカはとくに栄養価が高く、扱いもラクで、しょっちゅう食べたい野菜。玉ねぎと合わさると、どことなくイタリアンな感じ。ゆえにチーズを足しても合う。

ウインナーまめ知識
ウインナーは、じつはソーセージの一種。「ウインナーソーセージ」「フランクフルトソーセージ」「ボロニアソーセージ」などがあり、太さや肉の種類で分かれているが、結局どれもおいしい。

これを知らなきゃもったいない

1分塩昆布スープ

朝から、あったかい汁物が飲みたい。だけど、みそ汁はめんどう。そんな日に、とりあえず塩昆布をつかんで、マグカップに入れてみた。

塩昆布－塩＝昆布。だから、だしが出るのは当たり前。昆布はふやけて具にもなるので、食物繊維やミネラルもとれる。

そもそもボスが茶事の懐石で、板状の塩昆布と梅干しにお湯を注いだ汁物（「えびすめ」古い言葉で昆布の意）を見て「これ、朝によさそう」と思ったのがきっかけ。自然なうま味で、体にしみる。

塩昆布の塩分は20％だから、150㎖のお湯を入れると、塩分濃度は約0.9％。自動的にちょうどいい塩梅になる。足りなければ追加して。

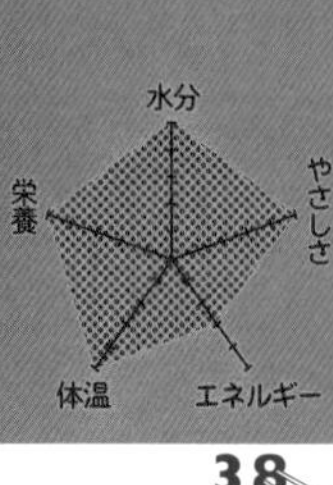

↓砕いた塩せんべいや、柿の種を入れてちょっとふやかして食べるとおいしい

材料

塩昆布…ひとつかみ（7g）
熱湯…150㎖

作り方

① 塩昆布を器に入れ、熱湯をそそぐ。

塩昆布ひとつかみはこれくらい

4本指でつかむ

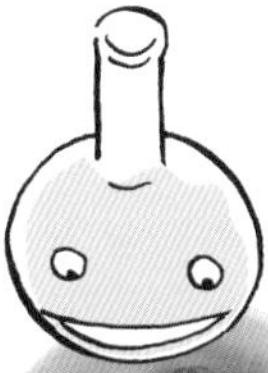

アレンジ研究 薬味を変えて、はひふへほ

かいわれ＋こしょう

かいわれのツンとくる辛味で「はっ」と目が覚める。こしょう効果で、なんとパンにも合う。

長ねぎ＋七味唐辛子

おにぎりに添えたい。長ねぎが半生で、七味の華やかな辛さに「ひっ」となる。

青じそ＋しょうがすりおろし

熱さのあとに、ふ〜っと抜ける爽快感。1杯で、足先からポカポカしてくる。

ニラ＋ごま油

へ〜。ニラって熱湯でしんなりすると甘いんだ。軽いラーメンスープのようでお腹がふくれる。

細ねぎ＋ごま油

細ねぎの風味の力でほっとする。ごま油の油分で腹持ちも◎。

朝まめ知識
しょうゆで昆布を煮たものも「塩昆布」というらしい。なんでや。

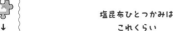

濃くてさわやか、飲みすぎ注意
クリーミージュース

ラッシー、スムージー、飲むヨーグルト。どれかに似ているようで、どれにも似ていないのがこの飲み物。ジュースの尖った酸味や甘みが刺激になりすぎる朝、ヨーグルトと混ぜ混ぜしながら飲むとうまいのだ。

Tomato

Green juice

トマトクリーミー

あっ、いくらでも飲めるわ。スペインの冷製スープ、ガスパチョが頭をよぎる。トマトジュースの青くさみをヨーグルトが打ち消してくれる。甘くないので、非ジュース派におすすめ。

青汁クリーミー

ドラッグストアで売っている、粉末の青汁。健康のために義務感で飲んでいる人は、衝撃を受けるはず。クセのある青くさみがクリーミーさでマスキングされて飲みやすい。喉の奥で濃厚さを味わえる、甘くないジュース。

作り方

無糖ヨーグルト（大さじ4）をよく混ぜてグラスに入れ、ジュース（100㎖）をそそぐ。ジュース2：ヨーグルト1の割合がおすすめ。

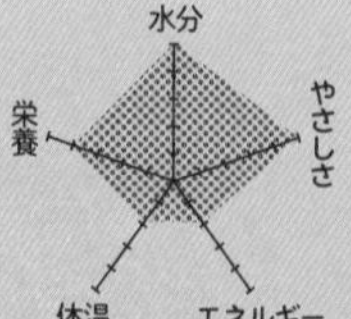

飲めるまで 2分

Tomato Orange

りんごクリーミー

コクがあるのにごくごく飲める。りんごジュースだけだと甘すぎるけど、ヨーグルトが「濃厚さで薄めてくれる」という新現象が起きる。食べるより、すすすと体に飲みこまれていく清涼感が心地いい。

Apple

トマトオレンジクリーミー

トマトジュースとオレンジジュースを1：1で合わせる。「えっ、合うの？」と思った方、同じ疑いを抱いて実験したら、ものすごくおしゃれな味になりました。甘さひかえめ、カクテルみたいな大人の味。ホテルの朝食ビュッフェにおいてありそう。

ヨーグルト単体で食べるよりもすっぱくなくて、むしろ乳製品のクリーム感が強調されるねん。ジュースだけ飲むより血糖値も上がりにくいし、タンパク質もとれるで

テツローさんのひとりごと

甘いレモンティー。ジンジャーエール。ペットボトルにちょっと残った飲み残しって、脳のエネルギーを無駄に消費するんだよな。これからは何も考えずヨーグルトと合わせよう。

朝コーヒーはクリアにごくごく
水出し透明コーヒー

カフェのメニューでたまに書いてある「コールドブリュー(cold brew)」。「普通のアイスコーヒーと何が違うの?」と思うけれど、これは「低温抽《ちゅう》出《しゅつ》」という意味。

なんかややこしそうな名前だが、作り方はシンプル。お茶パックに粉を入れて、水につけておくだけ。朝起き抜けに一口飲むと、透き通った清々しい味。苦味のもとであるタンニンやカフェインが出にくいため、すっきりクリアなのだ。

口の中に入ると、5℃くらいだったコーヒーが20℃くらいに温まる。すると香りがどんどん開いていき「はあ〜いいにおい」とうっとりしてしまう。

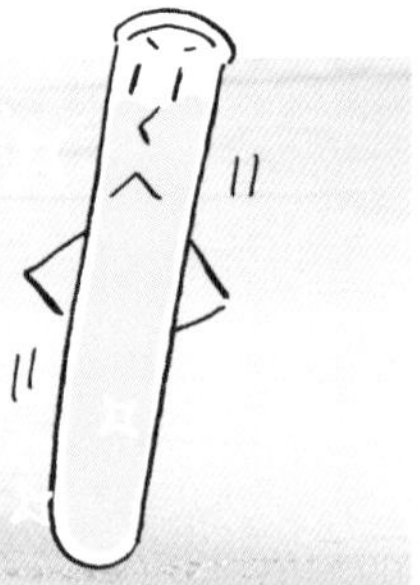

コーヒーも紅茶も緑茶も、熱湯をそそいで淹《い》れることが多いが、これは、2〜3分で強引に風味を引き出すやり方。一方、水出しの場合は、8時間以上かけてゆっくりと抽出する。すると豆や茶葉の持つポテンシャルの倍くらい高級感が出るのだ。

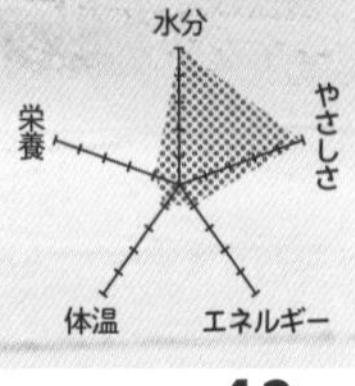

材料 1杯分

コーヒー(粉)…大さじ3(9g)

水…250mℓ

作り方

①コーヒーをお茶パックに入れる。

②グラスに①を入れ、水をそそぐ。冷蔵庫に入れて8時間待つ。

1ℓ《リットル》作りたい場合は、コーヒーは大さじ12(36g)。お茶パックは2～3個必要だよ。お茶パックは100均やスーパーのお茶コーナーで売ってるよ

お茶っぱ
ポン

ほかにもこんなお茶で作れる

紅茶…大さじ2(茶葉8g)

ほうじ茶…大さじ2(茶葉2g)

緑茶…大さじ2(茶葉9g)

↓コーヒー粉の量を大さじ4～5に増やして濃いめにし、牛乳や豆乳で割るとタンパク質がとれる

比較検証! 水とお湯ではこんなに違う

緑茶の場合

緑茶というのは、なぜ緑? それは、かぎりなく葉っぱ時代に近い状態だから。じつは紅茶やほうじ茶、緑茶などは、ぜんぶ同じ「チャノキ」というツバキ科属の常緑樹からできている。ほうじ茶は高温で焙煎され、紅茶にいたっては発酵させ、熱風で乾燥させる。しかし緑茶は、ほかのお茶よりデリケートに製造されるのだ。

5℃
ひんやり

80℃
アチチ

甘さと高級感を味わう「低温」抽出

低温でじっくり抽出すると、緑茶の無垢さが出て、色も変わりづらい。安価な緑茶でも、高級な香りが出る。味が重層的で、渋みよりも甘みが舌に残る。出がらしの色がグリーン。

渋みの奥のうま味を味わう「高温」抽出

繊細な緑茶は、100℃近い熱湯をそそぐと過酷すぎて渋くなる。そのため熱く飲む場合は、80℃より低い温度で淹れるとうま味が出やすい。出がらしは焼けたように退色している。

出がらしチェック

出がらしチェック

SUIBUN

部屋の空気が目覚める香り

はじめての ハンド ドリップ コーヒー

こんにちは。

新人研究員のドリーちゃんです。

コーヒー、インスタントで淹れてます？

そっかー。手軽で便利ですよね。

でも、それ、もったいないです。

だって、お湯をそそいだ瞬間、一気に焙煎された香ばしさが広がって、部屋の空気がパキッと目覚めて……。

あー、ぜひご自宅で体感してほしいっ！

準備するもの

ドリッパー

フィルターをセットする器具。ドリップ（Drip）は英語で「したたる」という意味。見るべきはまず「穴の数」。穴が1つのタイプは、一定量のお湯が溜まってから落ちるので、濃厚な味になりやすい。対して3つ（4つ）のものは、それぞれの穴からいろいろな濃さの液体が出てくるため、味のまとまりがいい。初心者は3つ穴がおすすめ。

フィルター

コーヒーを濾過《ろか》するもの。紙製のペーパーフィルターが主流だが、ネルフィルターという布製のものや、ステンレス製のものもある。ドリッパーの形（円錐か台形か）に合わせて選ぶ。

お湯の温度はどれくらい？

電気ケトルなどから直接お湯をそそいでもよいが、コーヒーがおいしく抽出されるのは沸かしたてより80〜90℃。浅煎りは93℃、中煎りは88℃、深煎りは83℃と言われている。

メジャースプーン

コーヒーの粉をはかるもの。好みの味にするためには計量が必須。1杯10g〜12gが目安だが、メーカーによって異なる。大さじで粉をはかる場合は、山盛り2杯で約10g。コーヒーとお湯の比率は1:16くらい。

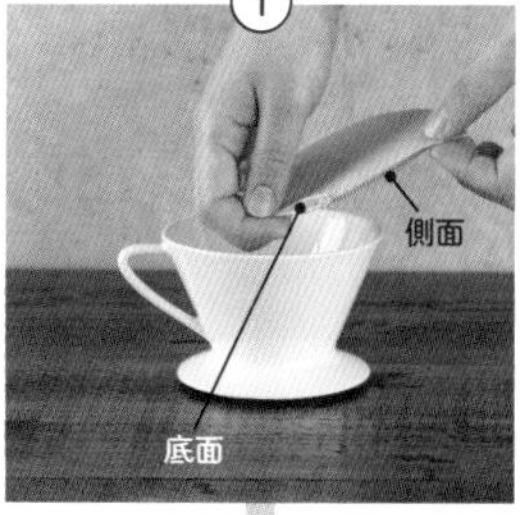
①
側面
底面

180mℓのお湯をはかって電気ケトルに入れ、沸騰させる。ドリッパーの底に合わせてフィルターをセットする。

フィルターは、側面と底面をそれぞれ互い違いに折ってセットすると、ドリッパーにフィットしやすいよ

②

コーヒーを入れる

メジャースプーンで1杯(10g)すくって入れる。表面を平らにならしておくと均一にそそぎやすい。

③

蒸らす

まず、粉に水分と温度を行き渡らせる。中心から外側に向かって「の」の字を描くように粉全体が濡れるまでお湯をそそぐ。ぷくっと中心がふくらんだ状態になる。

④

抽出する

コーヒーが落ち切らないうちに次のお湯をそそぐ。

残りのお湯を
1回で全量そそぐ↓味は薄めに
2回に分ける↓バランスがよく
3～4回で小分けにそそぐ↓
濃厚になるよ！

⑤

お湯をそそぎ終わったら完成。えぐみが出てしまうので、粉を押して搾《しぼ》り出したりしない。

粉が張っていないフィルターの部分にそそがないで。お湯がそのまま下に落ちて味が薄くなるよ

コーヒーは奥が深いけど、
沼の入り口と思って
これで一回試してみてや

大将のひとりごと
量は質を底上げする。上達の秘訣は、毎日続けること。「このタイミングでこうしたから、この味になったんか」っていう仮説と検証を積み重ねてみて。1人分より2人分の分量で淹れるとコツがつかみやすいで。

SUIBUN

最高の1杯のための
コーヒー基礎知識

そもそもコーヒーとは？

植物学的には「アカネ科コフィア属」に分類される「コーヒーノキ」という木につく、赤い実（コーヒーチェリー）の中に入っている種子が、コーヒーの生豆《なままめ》。日当たり、雨、温度、土壌の条件がそろった地域で生産されている。

生豆《なままめ》ってこんな感じ

「挽《ひ》き方」が違うと何が変わるの？

「挽く」とは、豆を焙煎したあと「ミル」という道具を使って粉状に細かくすること。「細挽き」「中細挽き」「粗挽き」など粒度が分かれており、細かいほど表面積が広いため、濃く抽出できる。豆のまま売っているお店で「ペーパー（フィルターでの）ドリップ用に挽いてください」と言えば、その場で粉にしてくれる。コーヒーの香りは揮発性《きはっせい》が高く、挽いてから時間が経つほど失われるので、本当は家で飲む都度挽いたほうがおいしい。

ペーパードリップなら、中挽きが目安。

保存はどうする？

酸素・光（紫外線）・温度・湿度。この4つに気をつけるのが、風味の劣化を防ぐコツ。粉の場合は冷凍保存がおすすめ。買い物はめんどうだけど、新鮮なものをこまめに買うのがおいしさの秘訣。

コーヒーの味って？

苦味、酸味、コク、香り。コーヒーの味は奥深いが、だいたいこの4つを意識すれば自分の好みが見えてくる。豆の種類はもちろん、焙煎の度合いによっても味が異なる。

ブラジル

全体的に軽く、爽やかな酸味、鋭い苦味、香りが特徴。クセがないのでブレンドのベースによく使われる。

モカ

世界最古のコーヒーブランドといわれる。フルーティーな酸味と甘み、コクがある。イエメンの港町「モカ」が名前の由来。エチオピアでも生産。

キリマンジャロ

強い酸味とコク、甘い香り。野性味がある。東アフリカ、タンザニアのキリマンジャロ山の、標高1500〜2500m付近で収穫される。

ブルーマウンテン

「コーヒーの王様」といわれるほど調和のとれた味わい。香りがよく、軽く、すっきりとした後味。生産国はジャマイカで、ブルーマウンテン山脈の一部の区域でのみ栽培されている。

グアテマラ

華やかな甘い香りと濃厚なコク。上品な酸味がありキレのいい後味が楽しめる。火山と熱帯雨林で育まれており、栽培地域もいろいろあるため、同じグアテマラでもバラエティ豊か。

コロンビア

バランスがよく、誰にでも飲みやすいため、ブレンドのベースにされることも。どっしりとしたコク、フルーティーさ、甘みがある。

喫茶店でよくある「ブレンド」は、複数の豆を混ぜてバランスよくしてあるものだよ。1種類だけだと「ストレート」っていうんだ

「焙煎《ばいせん》」って何？

コーヒーの生豆を煎る加熱作業。ローストとも言う。コーヒーはこの焙煎をすることで黒褐色になり、香りや苦味が生まれ、そのバランスも変化する。浅煎りから深煎りまで8段階くらいあり、浅いほど酸味が強く、深いほど苦味が強い。

カフェオレとカフェラテ、何が違うの？

カフェオレは、普通のドリップコーヒーにミルクを入れたもの。対してカフェラテは、エスプレッソにミルクを入れたもの。だから濃い。ちなみにカフェオレはフランス語で、カフェラテはイタリア語。

朝まめ知識

カフェオレにするなら、酸味の少ないコロンビアやマンデリンの深煎りがおすすめ。マンデリンはインドネシアで生産されており、コクと苦味が特徴。

LABORATORY

より先に入れるべき？

実験レシピ

毎日なんとなく淹れている紅茶。
まさかタイミングひとつで、
明暗が分かれるなんて
今日まで思ってもみなかった。

下準備

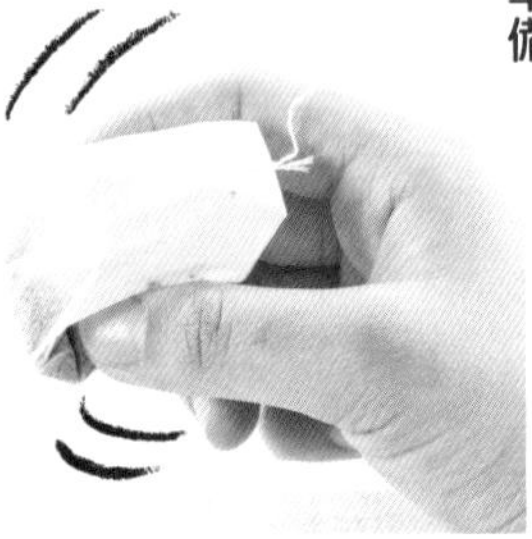

① ティーバッグを少しふくらませて葉をゆすっておく

袋の中で圧縮されてペタッとしている状態だと、苦味だけが出やすい。ゆすることで茶葉が均一に湯にひたり、開きやすくなる。地味だが意外と重要。

② お湯をカップに入れて温めておく

紅茶を抽出するためのお湯の温度として最適とされているのが95℃。低い温度だと、香りが弱くなり、えぐみが出てしまうので、お湯の温度が下がりすぎないようあらかじめカップを温めておく。

茶葉2〜3gに対して
お湯は140〜150㎖が目安よ

紅茶のティーバッグ、お湯

A お湯を先に入れておく

お湯の中に、ティーバッグを勢いよくゆするように入れる。

B ティーバッグを先に入れておく

空のカップにティーバッグを入れ、その上からお湯をそそぐ。

このあと軽くふたをして1〜2分蒸らし、
ティーバッグをぐるっと
回して引き上げる。

結果

A＝お湯が先のほうがおいしい

たったこれだけなのに違いなんて出るの？ と思っていたらびっくり。Aは香りが澄んでいて、クリアな味わい。飲み終わったあとのすっきり感も心地いい。対してBは、Aのあとで飲むとイガッとした渋みを感じる。これを雑味ととらえるか、存在感ととらえるか。Bのほうは茶葉が開かずに重なってしまうため渋みが出る。しかし先にお湯を入れておくと、茶葉が一度に湯にひたって均等に開き、全体に水分が行き渡って香りや甘み、テアニンといううま味成分が出るため渋みを感じにくいのだ。

先にティーバッグ入れるほうがええ、
っていう説もあるんやけど、
うちは先お湯にしてるで。
あと茶葉の種類によるから
パッケージ読んでみてな

紅茶あるある
高め位置からそそいで「相棒」と言ってしまう。

SUIBUN

普通の材料で英国貴族
リッチロイヤルミルクティー

ロイヤルミルクティーとは、茶葉を煮出した紅茶に牛乳を合わせた飲み物。今回は水：牛乳=1:3にして、濃いリッチ感を出すことにした。牛乳の脂肪分を、4.0%以上の高めのものにすると、さらに本格的になる。

一口飲んで、明らかに違う。これはただ紅茶に牛乳を入れたものではない。「牛乳のコクを味わうための特別な紅茶」だ。渋みが出るので、かき混ぜは厳禁。

飲めるまで 8分

材料 2人分

水…1/2カップ

茶葉（アッサム）…大さじ1・1/2（6g）

牛乳…1・1/2カップ

作り方

① 小鍋に水を入れて沸騰したら**中火**にし、茶葉を入れて**1〜2分**煮る。

② 牛乳を加え**1〜2分**待ち、沸騰直前に火を止める。このときかき混ぜないこと。

③ そのままふたをして**5分**蒸らしたら、カップに茶こしをおいてこす。

牛乳は、沸騰すると
タンパク質が変性して
膜がはっちゃうから
よく鍋を見ててね

最小限のスパイスでパキッ
目が冴えるチャイ

カッ

カッ……と喉が熱くなり、目がパチッと開く。しっかり甘くてガツンときたあと、茶葉の苦味、しょうがの辛味が口の中で右往左往。飲みこんでしばらくたっても、ピリピリとした後味が心地いい。

カフェオレボウルみたいに、両手で包める器に入れると、手にぬくもりが伝わって、さらにポカポカ。冷え性の人や、寒い朝は、この「飲むカイロ」を内側からしこんでいざ外へ。

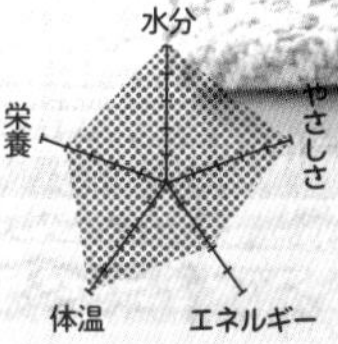

水分
やさしさ
エネルギー
体温
栄養

飲めるまで **8分**

ほんとのチャイは、カルダモンとかクローブとか、もっといろんなスパイス使うんだけど日本のご家庭で作りやすいよう最小限で試作したよ

材料 2人分

水…1カップ

スパイス
- しょうが（スライス）…4枚
- シナモンパウダー…小さじ1
- ブラックペッパー（粗挽き）…小さじ1/4

茶葉（アッサム、セイロン）…大さじ3（12g）

砂糖…大さじ3

牛乳…1カップ

作り方

① 小鍋に水、スパイスを入れて**中火**にかけ、煮立ったら**2〜3分**煮る。

② 茶葉を加えて火を止め、そのまま**2分**おく。

③ 砂糖、牛乳を加えて再び**中火**に**2〜3分**かけ、沸騰直前に火を止める。このときかき混ぜないこと。

④ カップに茶こしをおいてこす。

朝ごはんに絶対食べないもの
ねぎま。

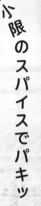

食べる or 飲む。今朝の気分はどっち？

甘くないコーヒーゼリー

朝、食欲はそんなにない。だけど、何も食べないのもな……。そんな朝にぴったりはまるのが、飲み物と食べ物の間にあるゼリーという存在。作っておけば、気分によって「飲む」「食べる」が選べるのだ。

食べる

スプーンでむぐむぐと噛んでいただく。牛乳（大さじ4）と、砂糖（大さじ1）を混ぜてかけると甘くて美味。アイスをのせたり、練乳をかけたり、シナモンをふったりしても。喉ごしのつるっと感が「いい朝」に太鼓判を押してくれる。

3カップのコーヒーでこれくらいできる。容器は飲み終わったコーヒーの紙パックで大きく作るもよし、プリンカップに小分けにしてもよし。冷蔵庫で1週間は保存可能。

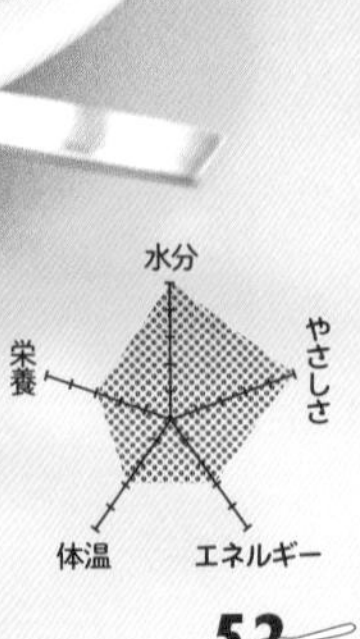

飲む

まるで濃厚なカフェラテ。細かくくだいて、牛乳を多めにそそぐと、クラッシュ感がたまらない。プチプチ、つるつる、苦味とコク。しばらくおくと、牛乳がだんだんコーヒー色に染まってくるのも美しい。

これ、うちのボスがリアルによう食べてるねんて。「ゆであずきが合う」言うてたわ

「甘くない」と書いてあるのに、砂糖が入っている理由。それは、コーヒーは温かさがないと、香りより苦味と酸味が目立つから。適度な砂糖がないとただの「味のしない固体」になってしまう。また、ゼラチンのクセも砂糖でカムフラージュできる。

材料 作りやすい量

無糖コーヒー（市販）…3カップ
砂糖…大さじ2
ゼラチン…2袋（10g）

作り方

① 小鍋にコーヒーを入れて**中火**にかける。
② 沸騰直前で火を止め、砂糖を加えてよく混ぜ、ゼラチンを加えてよく溶かす。
③ 容器に入れて粗熱をとり、冷蔵庫で**3時間以上**冷やし固める。

もうちょいやわらかくしたかったら、ゼラチンを4分の1くらい減らしてね。冷やせば冷やすほど、硬くしまっていくよ

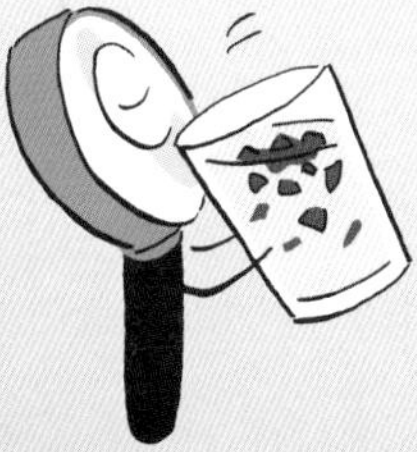

大将のひとりごと
コーヒー、もちろん市販の紙パックのやつで作れるねんけど、もし自分で淹れるなら、苦め、濃いめにして作ってみて。そこに甘い生クリームをのせたら、ビシッと苦くて甘い大人のコーヒーゼリーパフェになるで。

朝こそ牛乳寒天

タンパク質、食物繊維をつるりと補う

老若男女問わず普遍的なデザートとして親しまれている牛乳寒天。でもじつは寒天、デザートではなく、朝ごはんとしてかなりよいのだ。

まずは喉ごしのよさ。ざくっと噛めるのに、ひんやりほろりとほどける口どけ。甘さの広がり方が、星くずのようにはらはらとして、牛乳のやさしいコクが余韻で残る。何この朝!!

たっぷりの量ができるレシピにしたのは牛乳のおいしさを重視したから。牛乳を加熱するとき、量が多いほど火がゆっくり入る。すると牛乳のくさみが出にくいのだ。

そして栄養面。寒天は海藻でできているため、80%以上が食物繊維。それはもはや野菜では？ と言いたい。思いたい。さらに牛乳でタンパク質もとれる完成度の高さ。

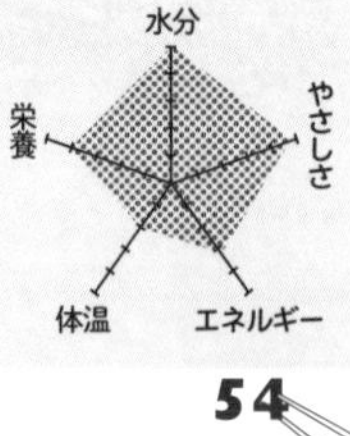

材料 作りやすい量

A
- 粉寒天…1袋（4g）
- 水…1カップ

- 砂糖…大さじ6（60g）
- 牛乳…2カップ

作り方

1. Aを小鍋に入れ、ゴムべらで混ぜながら**中火**にかける。煮立ったら**弱火**にし、そのまま**2〜3分**煮る。
2. 砂糖を加えて火を止め、よく溶かす。牛乳を少しずつ加える。
3. 容器に入れて粗熱をとり、ラップをして冷蔵庫で**3時間以上**冷やし固める。1週間は保存可能。

空になった牛乳パックで作るとちょうどいい形になるで。果物を入れたいなら、先に保存容器に並べてから、液を流し入れてな

缶づめフルーツやゆであずき、ジャムなどで味変しながらどうぞ

比較検証！ ゼラチンと寒天、何がちゃうのさ？

ゼラチン

食感 とろとろ、ぷるんぷるん

原料 動物性。豚や牛の骨などに含まれるコラーゲン。

調理法 粉ゼラチンは、60℃くらいのお湯で溶かす。冷蔵庫で冷やさないと固まらない。

注意点 キウイフルーツやパイナップルなどは、タンパク質分解酵素が入っているので、いっしょに入れると固まらない。

寒天

食感 ざくざく、ブリブリ、つるん

原料 植物性。テングサなどの海藻。

調理法 しっかり加熱が必要。100℃以上を2分キープして溶かす。常温でも固まってしまう。

注意点 レモンなど酸性の食品を入れると、食物繊維を壊してしまうので、固まりにくくなる。

朝まめ知識
最近たまに見る「アガー」は、ゼラチンと寒天の中間のような食感と扱い。ざくざく感もあり、とろんともする。

テツローさんが作ってみたら

5月13日（月）

大将が言ってたレモン水。やり始めて1週間、完全にハマっている。通販で1ℓのドリンクボトルを買って、毎晩作るのが習慣になった。

飲み続けてわかったことだが、まさかこれだけで、こんなにパズルのピースがはまった感覚がわかるようになるとは。今まで毎朝何が食べたいかなんて、ちゃんと考えてなかったし、とりあえずなんかお腹に入ればいい、としか思ってなかった。だけど、体はものすごく水分とビタミンCを欲していたのだ。これが「失われたピース」だったのか。自分の体に聡明になれるこの感じ、なかなか心地いい。

5月25日（土）

昨日は、自分で作ったフライドポテトがおいしくて、ちょっと飲みすぎた。そのまま ついつい寝てしまい、キッチンが散らかりまくっている。無惨。

食欲はなかったけれど、片づけているうちになんとなくみそ汁が食べたくなり、小鍋に湯をわかす。キャベツをちぎって、みそを溶かしただけだが、一口飲むと「はぁ」と息が漏れる。お腹の奥があったかいと、

人はこんなにも落ち着けるものなのか。

夜の、娯楽的で、フィーバーする楽しさもいいけれど、朝のこの、穏やかな楽しさもいいな。いや「愉しさ」のほうかな。

6月5日（水）

毎朝、会社の近くのコンビニでコーヒーを買うようになってから、休日に飲むインスタントコーヒーが味気なくてしかたない。かといって、コンビニまで買いに行くのもおっくうだ。

そう思っていたところだったので、大将のところの新人さんに教えてもらった道具を買いそろえて、さっそく家で淹れてみた。100均でそろうらしいが、せっかくなら、とカルピィで3つ穴のドリッパーを購入。わりと安い。台形タイプのフィルターも買った。

新人さんに「なんといっても飲む都度、豆から自分で挽くのがいちばん！」と言われたので、ミルを買うべきか迷ったが、とりあえずはお店の人に挽いてもらった（緊張して、ペーパードリップだかハンドドリップだかわからなくなり「……もごもごドリップ用で」とごまかした）。

いざやってみると、そんなに難しくない。くわしい人が多いジャンルだからと、少し避けていた部分もあったけど、別に背後からバリスタに見張られてるわけじゃなし。「今日も、おいしいコーヒーが淹れられた」というだけで、よかったんだ。

やさしさの朝

カラン
コロン
カラン♪
おはようございまーす…
ガン
ガン
ガン
ガン
あっ
テツローさん
おはよー
朝から
なんとか
なりませんか
この音!
ブン
ブン
ほな、
こんな感じで
どう?
ピッ
ホヨ〜
ピ〜
…落ち着く
これや、
朝必要なもの…
やさしさ
や

たとえば…食感
とろとろ
ふわふわ
つるつる
朝は一生懸命噛むより、ラクしてエネルギーとりたい！
おつまみとは逆ですね
この蒸し大豆と豆腐どっちがええ？
そりゃあ、食べやすさはだんぜん豆腐ですね
大豆って、けっこう噛まないといけない
パンひとつとっても
はい、ガリガリバゲット
アガガ…
アー〜
ちょっと疲れますね
ではこちらソフトフランス
ウンウン、
やさしい
起きてすぐって体中にじゅうぶんに酸素もめぐってないから
本調子ちゃうねん
絶食状態の胃やとすぐに胃液の分泌もされないし
やわらかい、負担のかからない噛みごたえのものが合うな
ファ〜

食感以外の工夫もあるで
この塩じゃけどうやって食べる?
?
シンプルに焼いて…
ぐつ
ぐつ
それもええけど朝は、ゆでる!
えーっ
へいおまち
んん!やわらかくてふっくらしてる
な
塩気や脂が抜けて朝にちょうどええ塩梅になんねん
あと部屋ににおいが充満しないのもポイントや
やさしさで満たされました…
ところで、時間…
!
あー!!
いってきますっ
つづく

「目玉焼きじゃない。でも卵」という朝に

平常心ポーチドエッグ

これとか温泉
卵とかみたいに、
「白身は固まり
黄身は半熟」
の卵料理って、
消化吸収されや
すいねん

朝の卵。だいたい同じようなメニューになりがちだけど、一度挑戦してみてほしいのが、ポーチドエッグ。ただでさえ繊細な卵をお湯に落とす？ ちょっと緊張するけれど、だからこそ、この調理は平常心が試される。

小鍋の中に渦を作って、その台風の目に卵をぽとり。うわ、白身がぱーっと広がってる！ でも大丈夫。水溶性卵白なので、無理に固めなくてよいらしい。箸で回してまとめると、デュルンとしたほうの濃厚卵白が、黄身を包んで守ってくれる。

仕上がりは、ゆで卵よりも白身がぷるんとしていて、弾力があるのにやさしい。黄身がとろりと濃厚ソースのよう。平常心で落ち着いて作ったあとには、平常心ではいられないおいしさが待っている。

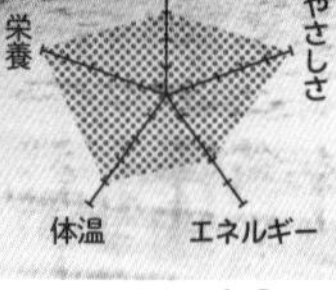
水分
やさしさ
エネルギー
体温
栄養

材料

卵…1個

アスパラガス…2本
（なくても作れる）

この緊張感がイヤなら……
ヒィィ
割れたらおしまい!

フライパン温泉卵

｜作り方｜

①フライパン（20㎝）に2カップの熱湯をわかす。
②冷蔵庫から出したての卵を入れて軽く湯をかけ、ふたをして火を止めて**10分**待つ（気温が低い日は11分）。
③冷水にとって一気に冷やし、すぐに割る。

水位が4㎝以上!

① 小鍋に4カップの水を入れ強火にかけ、沸騰したら**中火**にする。

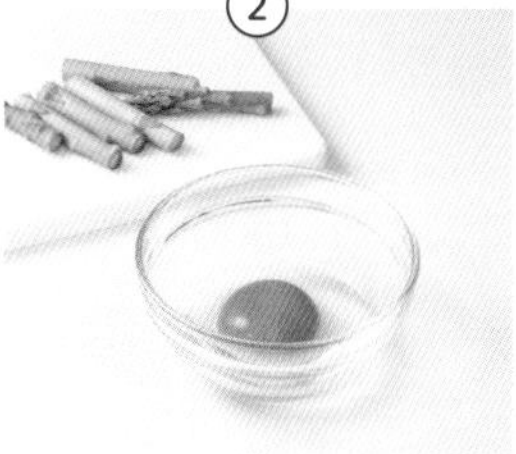

② 卵はボウルに割る。アスパラは5㎝長さに切る。

③ 鍋の中を箸でくるくる回して渦を作り、中央に卵を入れる。

④ 卵のまわりを4回箸で回し、白身をまとめる。アスパラを加えて**弱火**にし**2分30秒**。

⑤ バットにぬらして軽くしぼったキッチンペーパーを広げ、卵とアスパラを取り出す。

味つけは、
オリーブオイルと
塩こしょうでOK。
角切りトマトとか、
粉チーズとか、
レモンやしょうゆも合うよ
OLIVE

↓カップスープや、P38の塩昆布スープに入れる

↓前日の夜に作っておいて、翌朝パンにはさんだりごはんにのせたりしても◎

朝まめ知識

「poached egg」のpoachとは、フランス語で「pocher（ポシェ）」といい、液体の中で食材に弱火でゆっくり火を通す調理法。レストランだとポーチドエッグを作りおくところもあるくらい、意外と白身は固まる。

YASASHISA

「浅さ」が朝にぴたりとハマる 脱力5分カレー

「朝カレー」って、元気が出そう。でも、さすがにちょっと重いよね、という方。たしかに夜のカレーの印象は、どろっとした煮こみ料理だけど、朝のカレーはそうじゃない。クイックで浅い、脱力して作れるカレーがちょうどいい。

スープカレーのような、するするシャバシャバした口当たりに、スパイシーな香り。牛乳のコクでやさしくまろやか、食べ終わると体温が上がる。体の力はふっと抜けるが、底から力が湧いてくるのだ。

試作段階では、いくつかのメーカーのルウで試したが、早くとろみがつくもの、ぜんぜんつかないものに分かれた。いつも買ってるルウが、このレシピだとどういう味になるのか実験してみるのもおもしろい。

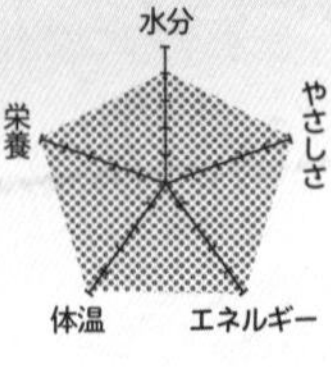

食べられるまで **5分**

↓ごはんを玄米にすると、ビタミンB_1やマグネシウム、食物繊維がとれる

材料

水…1カップ

カレールウ…1人分

牛乳…½カップ

ごはん…150g

ルウ1人分は、固形だと1かけ分

作り方

① 小鍋に水を入れて沸騰させ、火を止めてルウを溶かす。

② **中火**で**1分**煮る。牛乳を加えてひと煮する。ごはんにかける。

ルウは火をつけたまま溶かそうとすると、混ぜてるうちにでんぷんが固まっちゃうから必ず火を止めてね。お好みでミニトマトやサラダチキンをのせるとおいしいよ

アレンジ研究 具は生野菜＋タンパク質で全力出す

このカレー、具なんかのせずに食べてもいいけど
全力出すなら、生野菜とタンパク質をプラス。
生野菜は余熱で半生になって、シャキッとしんなり。ビタミンもとれる。
タンパク質は、合わないものがほとんどないので、
冷蔵庫の整理も全力でしたい朝にいろいろのせよう。

オニオンスライス＋ハム

「玉ねぎ」というより「オニオン」の辛味が、まろやかさを突き抜けて鼻にくる。ハムの塩気も、カレーのやさしさのアクセントになる。ちょっとしたサンドイッチのようなカレー。

レタスのせん切り＋塩卵

P122の塩ゆで卵の黄身が、とろりと濃くて、サラッとしたルウに存在感を与えてくれる。レタスはちぎってもいいけれど、せん切りにしかない軽快さは捨てがたい。かなりサラダ感のあるカレーに。

のせるもんは、P154の蒸し野菜のくたくた、サラダ菜、きゅうり、サンマ缶、ゆで塩じゃけ、納豆、卵料理なんでもいける。あっさりしてるから、味の濃いものもめっちゃ合うねん

大将のひとりごと

もっと辛くしたいなら、ブラックペッパーや一味唐辛子をふる手もある。もっとコクがほしいなら、2種類のルウを混ぜるとええで。ただ、深さをめざすのもいいけど、浅さを損わへん程度のアレンジが朝向けや。

LABORATORY

どれがおいしい？ 実験レシピ

適当な朝ごはんの代表格、卵かけごはん。
しかしその手軽さゆえに、
あらゆる流派がひしめいているらしい。
そこで、いったいどの食べ方が
いちばんおいしいのか？
4つの卵かけごはんを提供し、
ギャルが検証してみた。

A シンプル卵かけごはん

ごはんの中央に卵を割り、
しょうゆをかける。

あーっ、やっぱ卵かけごはんは最高！
実家思い出すわー。食べ慣れたやつだわー。
ごはん、黄身、白身。
この、ムラがいいんだよね。
ランダムさっていうか。
やっぱいろいろやらないで自然なのが
いちばん！ メイクは濃く！
ごはんはナチュラル！

B よく混ぜ卵かけごはん

別の器で卵をよく混ぜて、
しょうゆを加え、
ごはんに少しずつかけながら食べる。

はあ～サラサラやさしい味……。
卵に包まれる、みたいな？
安心感？
米の粒っぽい感じもウケる。
あ、一気に混ぜるんじゃなくて、
ちょっとずつかけながら
食べるのがいいの？
なんかつけめんみたいで
楽しいじゃん。

Data

↓ちりめんじゃこ、青のり、ごまをかけると、鉄分やカルシウム、ミネラルがとれる

卵かけごはん、結局

C しょうゆごはんに卵かけ

先にごはんにしょうゆを混ぜてしまう。そこに、卵をのっける。

ん！しょうゆ!? これ、しょうゆじゃん！うん、ほかのおかずなんもいらない。ま、卵かけごはんにおかずつけないけどさ。つけまくらいいしょうゆが主張してて香ばしくていいな。なんか元気出てきたー。

D 濃厚贅沢卵かけごはん

卵をざるに割り、水っぽい白身を取り除いて濃厚卵白だけにしてから、ごはんにのせ、しょうゆをかける。

ほとんど定番といっしょ……ん!? 何これ！神じゃね？めっちゃ卵黄濃くね？あ、あれだ、温泉卵だ。温泉卵ごはんみたいになるんだ。うんまぁ。卵好きにはたまらんわ。あたしこれだわ。これがいちばん好き。

結果

卵好きにはD

結果は分かれたが「卵が好き」という人たちの声により、当研究所ではDを1位とした。水溶性卵白を捨て、黄身の割合を高めたことで、シャバシャバ感が減り、より濃厚な卵かけごはんが実現できる。ただ、いっしょにおかずを食べる派はCだとほかにおかずがいらないくらい単体で主張があると好評価で、ボスはBのかけながら食べる派。Aに至っては何も非がない。結局どれもおいしいということで、無理やり決めた。

最後の晩餐は、卵かけごはんって決めてるねん

卵かけごはんあるある

結局普通に食べてしまう。

YASASHISA

1本買っても最後まで楽しい

朝のパンはソフトフランス

ソフトフランス。
それは、日本で生まれたフランスパン。
もちろん食パンもいいけれど
当研究所では断然ソフトフランスをおすすめしている。
まず、食パンよりも密度が詰まっておらず、口どけがいい。
皮までやさしいやわらかさで、消化にもいい。
また、さまざまな展開が可能なのも魅力。
味や食感の主張は少ないのにかさはあるから、
「食べた」実感がともなうけど軽い。
スーパーの片隅にじつはいる、
もっと注目されてもいいパンなのだ。

わたしは「しみていく」ところが好きなの。
とにかくおかずを邪魔しない、
ニュートラルなパンなのよ

保存はどうする？

賞味期限内なら常温でOK。食べきれなかったら丸のままラップにくるんで冷凍しよう。かたまりで凍らせても、密度が低いので少しがんばれば凍ったまま切れる。そして調理するときも凍ったまま焼き始めてOK。扱いもラフなのだ。

3cm×2枚
バタートースト

｜作り方｜
パンは十字に切り目を入れ、フライパンで焼く。バター(20g)をのせる。

3cmの厚さにすると、バターがしみしみで最高。これをベースに、はちみつやジャムをのっけても。ソフトだからこその「しみこみ」を味わうのに最適。

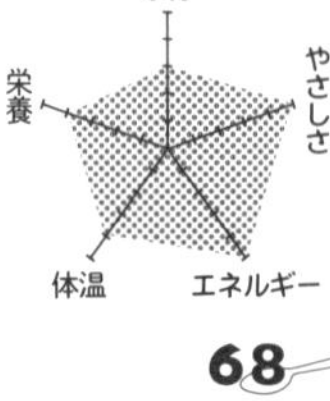

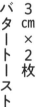

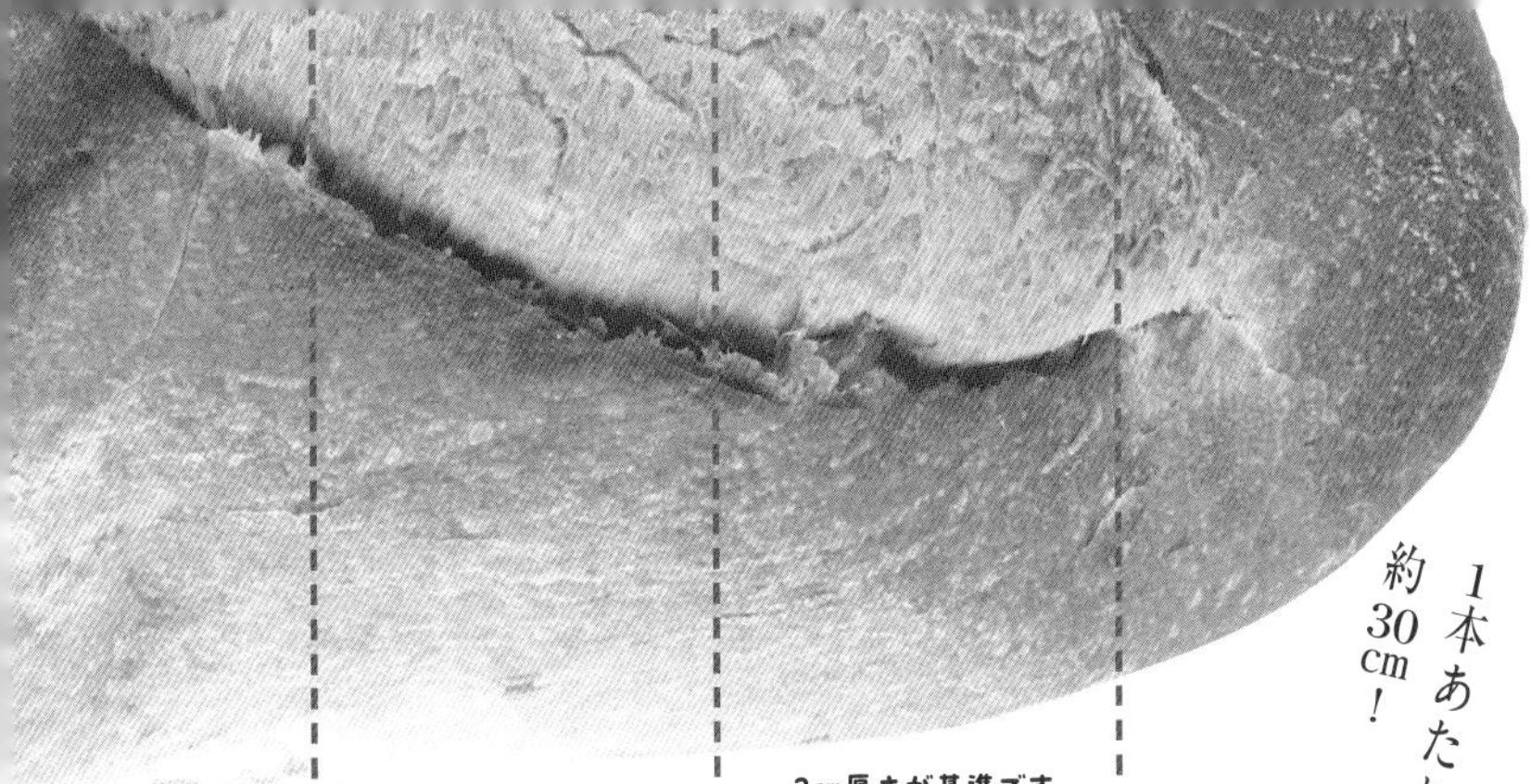

1本あたり、約30cm!

3cm厚さが基準です

3cm厚さを10個食べたらなくなる計算。
軽いので、一人あたり6cmは食べられる。

3cm×2枚 フレンチトースト

|作り方|

①ボウルに卵(1個)を割り入れて菜箸でよくほぐす。砂糖(大2)を加えて混ぜ、牛乳(¼カップ)を少しずつ加えてさらに混ぜる。

②パンを4等分に切り、卵液に入れて軽く絡め、**10分**ひたす。

③フライパン(26cm)を**中火**で熱し、バター(10g)を入れて広げる。半分ほど溶けたら②を入れ、各面**2〜3分**ずつ転がしながら焼く。

密度が低いので、食パンより卵液が早く浸透して感動。すぐ食べたいときに気軽に作れる。ふんわり食感で、皮の香ばしさにカラメルを感じる。

3cm×2枚 レーズンバターパン

|作り方|

パンは半分の厚みに切り目を入れ、バター(10g)とレーズン(20g)をはさむ。ラップをせず、レンジで**20秒**加熱する。

あ! レーズンウィッチの味! バターがじゅわっとしみ出た中に、あったかいレーズンの本物感。ふとレーズンパンを食べたくなった日に。

朝まめ知識

ソフトフランスは横須賀生まれ。150年以上前、横須賀製鉄所建設に関わったフランス人技師団に同行していたパン職人のレシピを、日本人向けにアレンジしたものと言われる。意外に歴史あるパンなのだ。

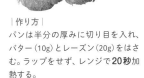

3㎝×2枚 クリーム明太マヨトースト

｜作り方｜
パンにクリームチーズ、明太子、マヨネーズ（各適量）をのせる。トースターでチーズが溶けるまで焼く。

鉄板の組み合わせ。明太子の塩気はおつまみっぽいけれど、クリーミーさが朝にやさしい。

3㎝×2枚 カスクート

｜作り方｜
パンは半分の厚みに切り目を入れ、バター（適量）をぬる。ハムとチーズ（適量）をはさむ。

「カスクート」とは、元は「かたいパンの皮を割る」という意味のフランス語。ハムとチーズの組み合わせを変えれば、無限に楽しめる。「ハムは折って重ねるもの」と覚えよう。

モッツァレラ×生ハム

カマンベール×モルタデッラ

スライスチーズ×薄切りハム

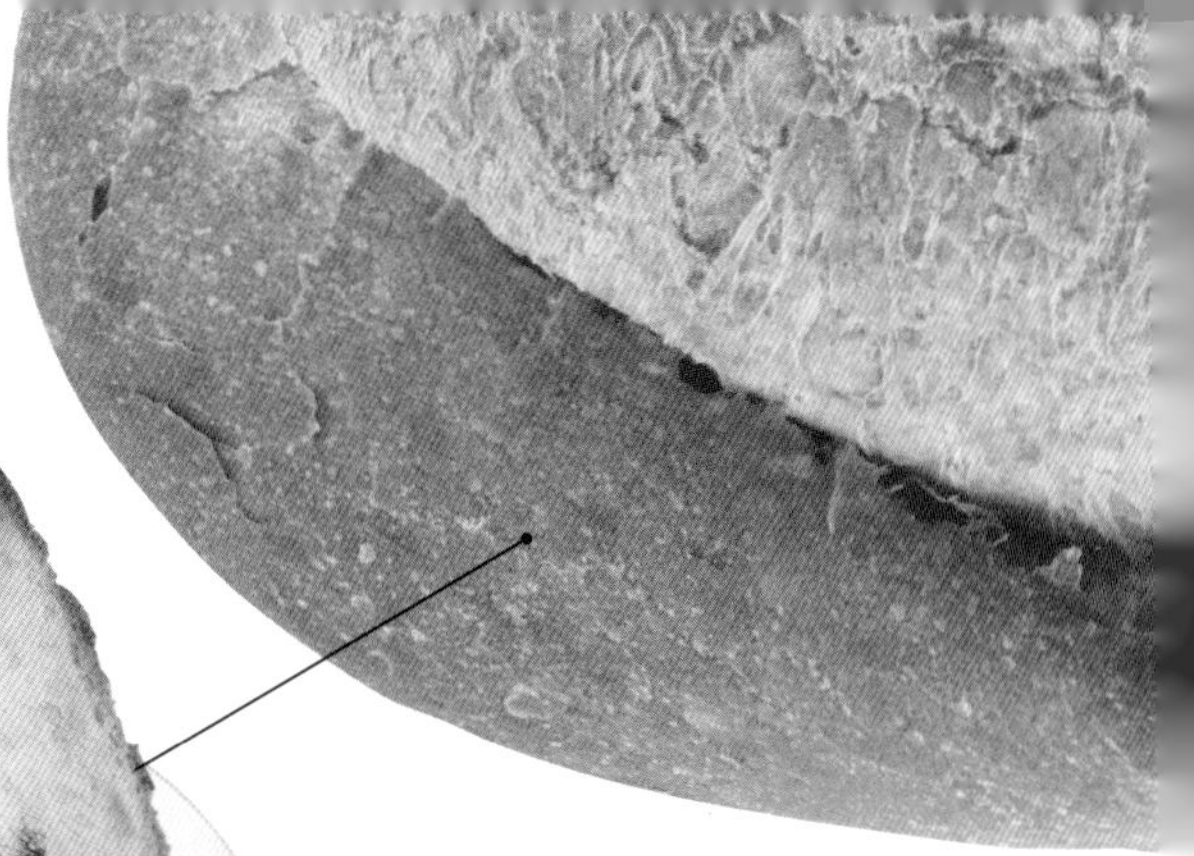

5cm はじっこカリカリ

|作り方|
パンのはじっこは縦四つ割りにし、トースターかフライパンで**5分**焼く。

あえてカリカリに焼いて、そいつをひたひたさせるのがおすすめ。P78のシェントゥジャン、P136のしょっぱいヨーグルトともよく合う。フレンチトーストにするのもあり。

1cm×5枚 ハニーバターラスク

|作り方|
①パンの片面にやわらかくしたバター、はちみつ(各適量)をぬる。
②耐熱皿にのせ、ラップなしでレンジに**2分〜2分半**かける。そのまま粗熱をとり、カリッとさせる。

なんとレンジでラスクが作れる。レンジから出した直後はまだやわらかいかもしれないが、余熱でどんどん水分が抜けていく。足りなければもう30秒ほどチンして様子を見よう。

ソフトフランス一句
本物じゃ　ないけどお役に　立ちたくて

YASASHISA

ハードなパンを噛みしめる
フランスパン図鑑

やさしさなんて
いらない！
朝はハードに迎えるぜ！
という方には
本場フランスのパンをぜひ。
とはいえ、パンの名前と
特徴が一致しないという
テツローさんのために、
おもなフランスパンを
やさしく紹介。

Ficelle《フィッセル》

意味は「ひも」

細くパリパリとした食感を楽しめるパン。半分の厚みに切って、ハムやチーズをはさんでサンドイッチにしてもいいし、ガーリックトーストなどにしても。

Coupe《クッペ》

意味は「切られた」

クープ（切れ目）が一筋だけ入った、ラグビーボールのような形のパン。コッペパンは、このクッペをもとにしたという説もある。

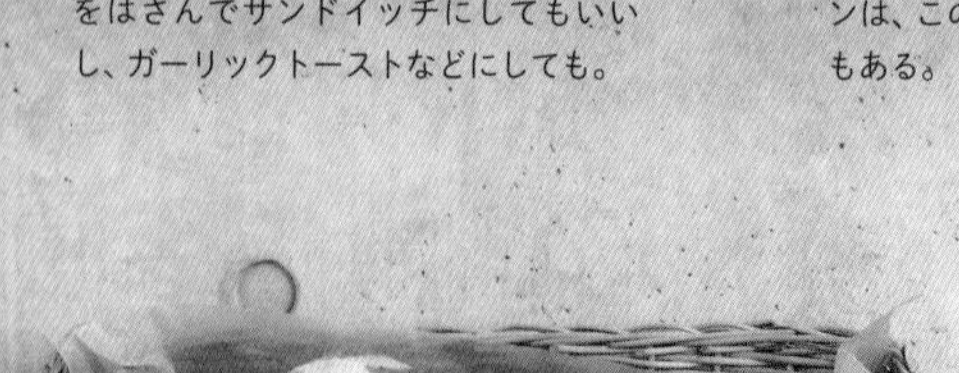

Boule《ブール》

意味は「ボール」

表面にクロスの切れ目が入った、ボール状の丸いパン。硬くないので、スライスしてトーストにしたり、サンドイッチにしたりと、意外と幅広く使える。

意味は「パリっ子」
生地の重量が約500gと重く、かなりでかいので、少人数だと消費しきるのが大変。「我こそはパリっ子」という方はぜひ。

Parisien《パリジャン》

意味は「杖」または「棒」
生地の重量は300〜400g前後で細長い。硬い皮のクラスト感をバリバリ味わうパン。フランスでもっともよく食べられている。

Baguette《バゲット》

意味は「中間」
バゲットを太く短くしたパン。やわらかい中身（クラム）が多いため、ソフトフランスに近く使い勝手がいい。

Batard《バタール》

保存はどうする？
切ってラップにくるみ、保存袋に入れて冷凍庫へ。焼く場合は解凍せず凍ったままフライパンかオーブントースターへ。

覚えて得意気パン用語
クラム＝中身、内層
クープ＝表面に入れる切り目のこと
クラスト＝皮、表皮

朝まめ知識
フランスパンは、法律で規格が決まっている。昔、フランス政府が、重さごとにパンの値段を細かく決めたことがあり、そのときにたくさんの種類が生まれたらしい。

LABORATORY

とろとろになるのは？ 実験レシピ

スクランブルエッグは油断すると
ポロポロの炒り卵になってしまう。
これを「液体と固体のあいだ」の
やさしい質感にするには？
火を止めるタイミングを変えて
実験してみた。

材料

卵…2個
牛乳…大さじ1
塩…少々
こしょう…少々
バター…10g

作り方

1. ボウルに卵を割り、黄身を軽くつぶして、箸先をボウルの底につけたまま**40往復**、切るように混ぜる。途中何度か白身を切るように持ち上げる。
2. 牛乳、塩、こしょうを加えよく混ぜる。
3. フライパン（20㎝）を**中火**で**2分**熱し、バターを入れる。バターが溶けたら卵液をそそぐ。

↓P154の蒸し野菜のくたくたを添えると、栄養バランスが完璧に。彩りもきれい

スクランブルエッグ、いちばん

はいここ!

Ⓐ 卵液を入れてすぐ、火を止める。**20秒**はそのままで、外から内へ手早く30回混ぜる。

Ⓑ 卵液を入れてすぐ、外から内へ20回ゆっくり混ぜてから火を止める。

Ⓒ 卵液を入れたら**20秒**はそのままで、外から内へ手早く30回混ぜてから火を止める。

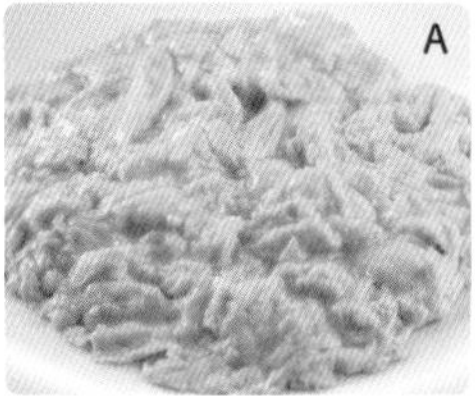

「飲む」おいしさ。舌触りがなめらかで、喉につるりんとすべりこむ。ミルク感強め。しばらくおくと少し液体が出てくる。

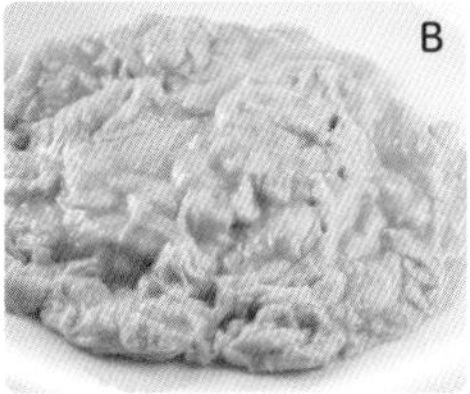

「吸いこむ」おいしさ。Aのあとだと、やや弾力を感じる。縁が固まっているので、パンにはさむならこれくらいがいいかも。

「噛む」おいしさ。Bよりもあごを動かして咀嚼《そしゃく》する動きになる。飲みこむときも固形感あり。香りが飛ぶのか、バター感がやや薄い。

ゴムべらで混ぜてね

結果

A＝すぐ火を止めるべし

生クリームやマヨネーズを入れたらさらにとろっとろになるで

スクランブルエッグはそもそも「生で食べるより消化がいいからちょっと火を通す」程度でいい料理。だから、ぐらぐら煮ない温泉卵のように、最低限の加熱でよいのだ。卵のタンパク質は60℃くらいで固まるので、レストランでは、絶対に100℃以上にならないよう湯煎《ゆせん》で作ることも多い。フライパンは金属だし、油も入るので、100℃以上になる箇所がかならずある。だから、家庭で最適な火通りにするなら、**A**のようにすぐに火を消して、余熱で火を通すべし。

朝まめ知識

じつは卵はSMLどのサイズでも、黄身の大きさはだいたい同じ。でも白身の量には差があるので、Lを買うと黄色が薄くなりやすい。

やさしすぎるよ
やわらか雑煮

お雑煮には、雑炊と同じ「雑」という字が入っている。つまり「もち＝お正月＝特別」ではない。これは「雑に煮たもの」なのだ。

レシピでは、ちくわとねぎを具にしたけれど「昨日の残りの炒め物」を入れてもおいしかった。つまりほんとに自由、雑炊感覚でいいのだ。おもちの甘みが溶け出たつゆに、こしょうの香りがキリッと鼻に抜けて、すべてがまとまる。

食べられるまで **5分**

材料

長ねぎ…½本（50g）

ちくわ…1本

切りもち…1個

水…1½カップ

めんつゆ（2倍希釈）…大さじ2（3倍希釈なら大1⅓）

こしょう…少々

作り方

① 長ねぎは斜め薄切り、ちくわも斜め薄切りにする。もちは半分に切る。

② 小鍋に水、ねぎ、ちくわを入れて**中火**にかける。煮立ったらもち、めんつゆを加え、やわらかくなるまで**2分**ほど煮る。

③ こしょうと、お好みで、のりを散らす。

朝まめ知識

もち米に含まれるでんぷん「アミロペクチン」は、加水して熱を加えると糊化《こか》する。糊化とは、ペタッともちっと粘り気を出すこと。こちらのほうが、ごはんのうるち米に含まれるでんぷん「アミロース」より消化しやすい。

やさしすぎるよ

ぶちこみかけそば

駅中でただよう、あの立ち食いそばのだしの香り。朝そばって最高だけど、お湯をわかして、ざるにあげて、水でしめて……そんなの朝から無理！　だから、ゆで湯をそのままおつゆにできないか？　と、冗談半分で試してみたら……？

え、うまい。壮絶にうまい。どうして？　と思ったが、そば湯のことを思い出す。あれは、そばのうま味や香りがゆで湯に溶け出たもの。味のベースができているから、めんつゆだけでこの完成度なのだ。

水分
やさしさ
エネルギー
体温
栄養
どっちもめんつゆだけで
味つけするメニューだよ。
しょうゆに変えてもいけるよ。
めかぶとか卵も合うよ

食べられるまで　7分

材料

水…3カップ

そば（乾麺）…100g

めんつゆ（2倍希釈）…大さじ3（3倍希釈なら大2）

トッピング

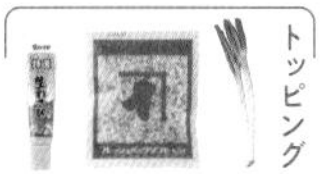

長ねぎ（小口切り）…適宜

削り節…適宜

わさび…適宜

作り方

① 鍋（20cm）に水を入れて**強火**で沸騰させ、そばを袋の表示時間ゆでる。

② 汁ごと器にあけ、めんつゆをかける。トッピングをのせる。

朝まめ知識

そばは、うどんにはないルチンという栄養もとれる。血管や目の健康にいいらしい。そば少なめの50gで作りたいときも、水はあまり減らさず2カップ半は入れて。

台湾の朝定番、すっぱうまいスープ
休日シェントウジャン

「鹹豆漿」と書くこのメニュー。台湾でよく食べられている豆乳スープである。「鹹」は塩辛いことで、「豆漿」は豆乳のこと。豆乳がお酢の力で、ゆるく細かく固まるのが醍醐味。ソフトフランスのはじっこ（P.71）をつけると、パンにスープがしみこんで、塩気も増してさらにおいしい。

ラー油とか、ザーサイとか
かいわれとか足すのもええよね。
酢と砂糖を、大さじ1の黒酢に変えると
さらに本格的になるで

研究レポート

固まらないのは何が原因？

シェントゥジャンは、無調整豆乳を使うのがポイント。調整豆乳は、脂肪分や甘み、粘性《ねんせい》などを調整しているが、無調整は「腐らないための処理」以外はしておらず、にがりを入れると豆腐ができるタイプの豆乳。うまくいくと、豆腐のおぼろ感が出てくるはずなのだが、この3つの条件が重ならないと、なかなかどうして固まらない。

熱が足りない

タンパク質は、熱を加えると不安定になる。完全に沸騰させると膜が張ってしまうが、温度が低すぎると動きがないので、固まりづらい。ギリギリの温かさになるよう、注意深く鍋を見つめて。

酸が足りない

豆乳のタンパク質は、酸で凝固する。比例して、味もすっぱくなるけれど、酸がしっかり入っていないと固まらない。

衝撃が足りない

酸と熱があればかなり固まるけれど、もうひとつあげるとすればこれ。静かに混ぜるだけだと、酸の比率によっては固まりづらい。不安定さを作り出すため、高めの位置からそそぐなど、大きな動きを足す必要がある。

フッ
まだまだ
だな

酢
フッ
そんなんじゃ
固まんないよ

フッ
まだ
そこじゃ
低いよ

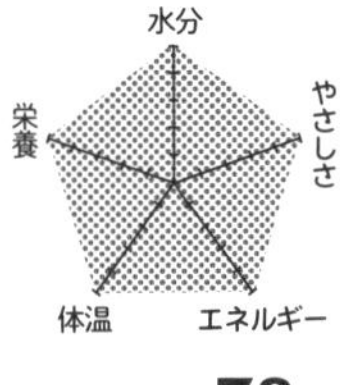
水分
やさしさ
エネルギー
体温
栄養

食べられるまで **8分**

材料

A
ごま油…大さじ½
酢…小さじ1
しょうゆ…小さじ1
砂糖…小さじ¼
塩…少々

無調整豆乳…150mℓ
桜えび…小さじ1
刻み白ごま…小さじ½
青のり…適宜

作り方

①器にAを入れてよく混ぜる。
②小鍋に豆乳を入れ、**中火**で沸騰直前まで**3分**ほど温める。
③器に②を高めからそそぎ、軽く混ぜる。
④桜えび（手で粗く砕く）、ごま、青のりをふり、混ぜながらいただく。

本場では、細長い揚げパン「油條《ヨウティャオ》」がつきもの。ソフトフランスのはじっこをごま油でカリッと焼いたら、より本格的になるよ

「このために買って!」と声を大にして言いたいのが桜えび。桜えびには、グリシンというアミノ酸が含まれており、噛むほどに甲殻類のうま味が湧き上がってくる。単なるすっぱさだけでない奥行きを足してくれるのだ。さらに、しらすと同じく身近なホールフード（丸ごと食べられる素材）。カルシウムもとれてしまうので、1つ買っておいてまったく損はないのだ。

大将のひとりごと

桜えびは、えびやで。だから、えびが合うもんはだいたい合う。チーズトースト、バタートーストにのせたら香ばしくなるし、みそ汁に入れるのも美味やねん。そばやカレーに散らすと高級感が出るで。

焼き魚を「やさし化」しました

気合いのいらない ゆで塩じゃけ

ゆでる

朝の定食といえば、焼き塩じゃけ。だけど朝から魚を焼くのって、現実問題気合いが必要。においもこもるし、焼き加減をチェックするのもけっこうめんどう。カリカリの皮は好きだけど。

そこで、ゆでてみることにした。熱湯に入れ、弱火で3分。ぐらぐらさせずにじんわり火を通す。ざるにあげると、つやつやピンクのきれいな身。箸を入れると、ふっくらほぐれて湯気がほわんと上がってくる。

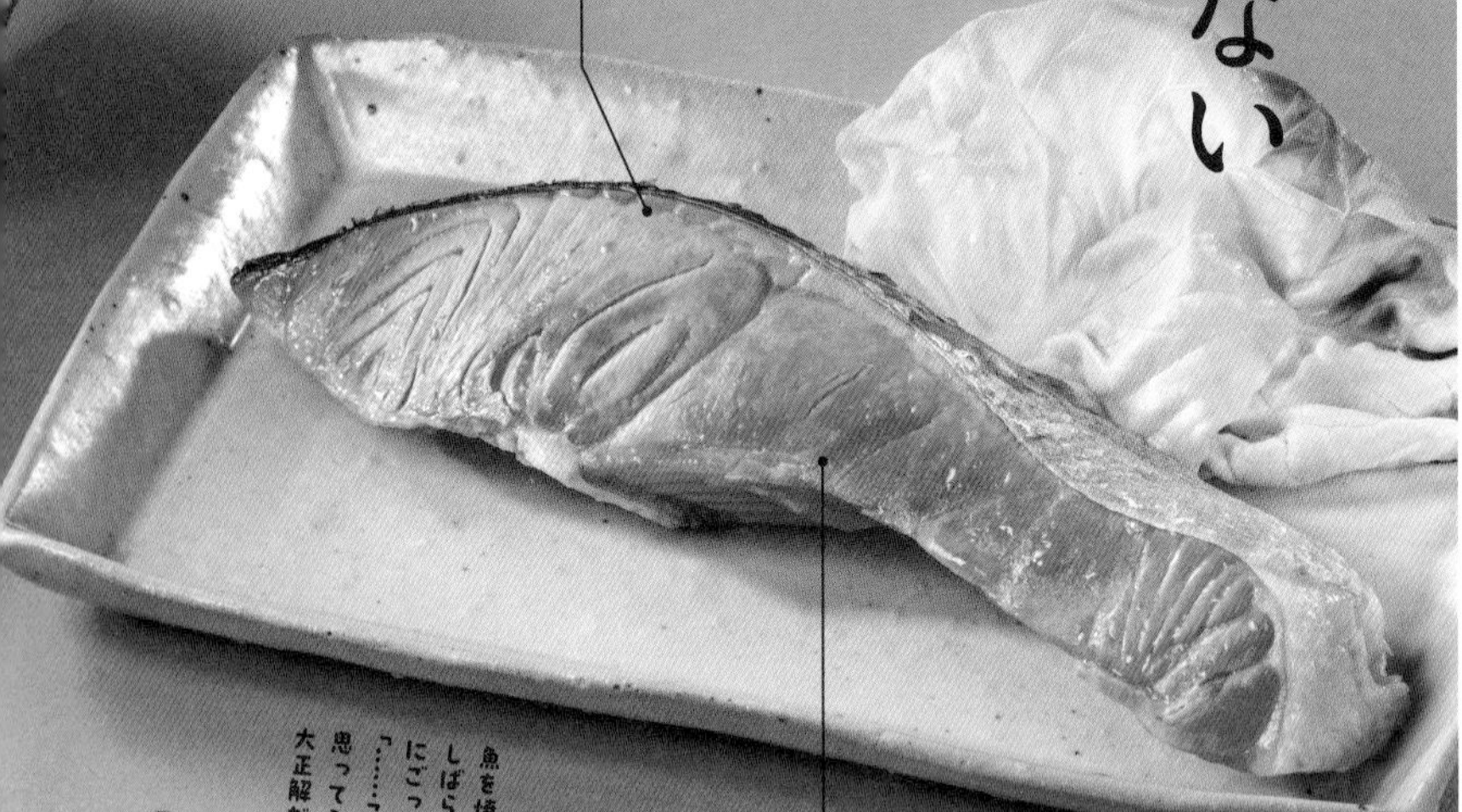

魚を焼くときに酒をふって
しばらくおくと
にごった液体が出てくるじゃない。
「……これを体に入れるのかぁ」と
思ってふと、ゆでてみたら
大正解だったわ

塩じゃけの中には、「白米何杯いるねん」と言わんばかりのしょっぱいものもある。だけどゆでれば、塩気が半分くらい抜けて食べやすい。また焼くと7分かかる塩じゃけも、ゆでれば3分と超時短。塩蔵のものは水分が抜けていて、火が通りやすいのだ。

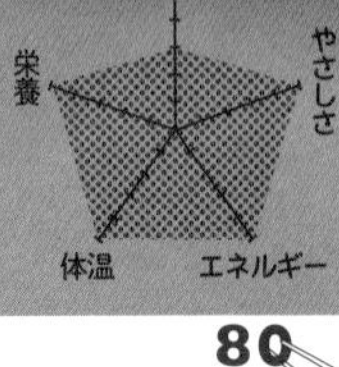
水分
やさしさ
エネルギー
体温
栄養

食べられるまで 7分

材料 2人分

塩じゃけ…2切れ（160g）

作り方

① 小鍋に4カップの熱湯をわかす。

② 塩じゃけを入れ、**弱火で3分**ゆでる。

新常識！

朝の魚は「焼く」より「ゆでる」

こんがり香ばしい「焼く」おいしさもいいけれど、朝は食感も香りもやさしい「ゆでる」が向いてる時間帯。塩さばやほっけなど、いろんな魚で作れます。

1切れでも、同じ作り方で大丈夫。お湯の量もまあ、適当でいいよ。冷凍の場合は、4分くらいゆでてもいいかも

塩じゃけそぼろの作り方

2切れゆでて粗熱とったら骨と皮とって、ジップ式の保存袋に入れてほぐす。そこにごま油（大さじ1）と、しょうゆ（小さじ2）を混ぜるだけ。冷蔵庫で1週間保存できるで。おにぎりの具にもなるで。

ししゃも

卵がやさしくふわんとして、身もやわらかで食べやすい。骨と頭は、人によっては少し気になるかも。お腹がくずれやすいので慎重に。甘酢やオイルに漬けておくと常備菜にもなる。

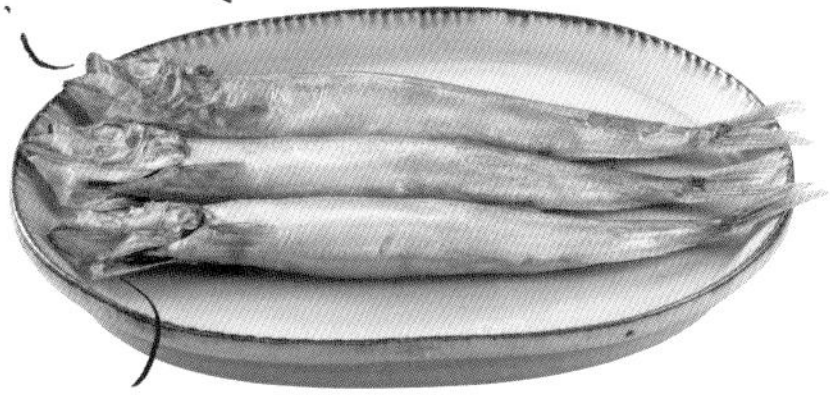

あじの干物

焼いた干物もぎゅっとしていて美味だけど、朝からかにに向き合うような集中力が必要。でも、ゆでると身も取りやすく、ふわっと脂のうま味を感じる。ほどよい塩気とやさしい口当たり。これなら干物、毎朝いけそう。

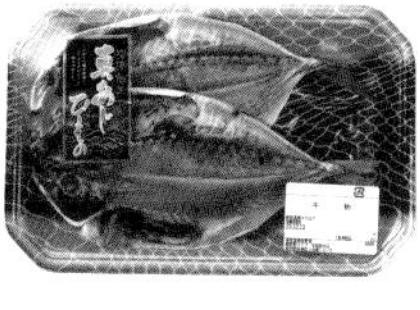

かけるとおいしい！

- ポン酢
- しょうゆ×ごま油
- しょうゆ×オリーブオイル

↓塩じゃけのゆであがる少し前に、サラダ菜やレタスを鍋に入れてさっとゆでると野菜もとれる

塩じゃけあるある

油断して食べると、けっこうおいしい。

テツローさんが作ってみたら

7月2日（火）

昨日の朝、取引先に直行だったのだけれど、駅のホームの立ち食いそばの香りに、思わず吸い寄せられた。遅刻するから自制したけど。あの、だしの引力ってなんだろう。「朝そばは魅力的だけど、さすがに家で朝からそばをゆでて水でしめて……ってのはなぁ」と大将に話したら「乾麺をぶちこんで、ゆで汁ごと食べたらええやん」らしい。パンクだ。「えー、おつゆがどろどろになるんじゃないですか？」と疑ってしまったけれど、やってみたらおどろいた。ほぼ、インスタントの袋麺と同じ作り方じゃないか。

味つけ、めんつゆだけなのに、ほわ～っと湯気とともにだしの香り。はふはふしながら一気にずるるっといただく。わさびをきかせたから、パチッと目がさめる。食べ終わってはーっと息を吐く。空気の落差で口の中がひんやり。お腹の底からぽっかぽか。あーもうどこにも出かけたくない。と思ったので有給をとってしまった。

7月11日（木）

昨日、日向くんたちと遅くまで飲んでい

たので、今朝は寝坊。ギリギリ間に合ったけど、何も食べられなかった。こういう日は、だいたい10時半ごろにお腹がすくんだよなぁ。ちょうど給湯室に、大森さんが置いてくれたおみやげがあったのでゲットした。甘い。うまい。信頼と実績のモンドセレクション。もぐもぐしながら「博多みやげにハズレなし」というセルフことわざを思いついた。

8月8日(木)

夏の朝。食欲がない。最近は、食パン1枚食べるのもちょっと重く感じる。でも、ソフトフランスの存在を知ってから、これが、すごくほどよい。一見すると大きいので、一人で食べきれるか心配だったけど、ふわっと軽くてぺろっといける。かたまりのまま冷凍できるみたいだし。

　それにしても、最初、スーパーのどこにあるのかわからなくてけっこう探した。競合ひしめく華やかなパン業界の中で、ひっそり需要にこたえてきた底力。やさしさとは、日陰で腐らず自分をつらぬく強さなのかも。

エネルギーの朝

テツローさん
食べる、ってどういうことやと思う…？
えっ
口の中に物を入れてそしゃくして飲み込む…？
そこまでが食べる？なのか？
いやもっと他のイミも…
いろんなとらえ方あるよな
ゴメンゴメン
ここでは「エネルギーを取りこむこと」として取り上げるな
ほんなら3大栄養素の中で
炭水化物
タンパク質
脂質
いちばんエネルギーになりやすいものはなんやと思う？
炭水化物では？
正解！
炭水化物って、糖質と食物繊維を合わせたもんや
ずっと噛んでいると甘さが出てくるやろ？
ごはん
パン
芋類
麺類
ごはんとか、そうですよね
糖質が分解されてんねん

でも最近
糖質カットとか
炭水化物抜き
ダイエットとか
はやってますよね
ぼくもちょっと
控えたほうが
いいのかなって
おなかが
気になる…
それな〜
こう
考えてみて
あくまで
自分の
私見なん
やけどな
家
（人の体）
建築資材
（タンパク質）
大工さん
（炭水化物）
ほう？
大工さんが動いて
建築資材を使って
家をたてる
でも
炭水化物を抜く
すなわち
大工さんが
いないと…
バイ
…
どうなるか？
?

建築資材がみずから働くことになんねん
わっせ
わっせ
そんな無茶な！
建築資材の本来の仕事は家の材料になること
なんで私らがく
つまり血液や細胞になること
人の体は約3週間で作り替えられるから
材料が足りないと不調が起こってくる
だから朝はやっぱり炭水化物ってわけや
いただきます
うん、うまい
パンはさっと食べられてお手軽よな
ん…
朝にパンくわえて走るってのは理にかなってるわけですね
え？走るん？
つづく

「適当」にも極意あり のりごはんの機能美

ごはんにのりを
巻いただけの、
あまりに適当なのりごはん。
だけど、
白ごはんだけで
食べるより
おいしいうえに
栄養価も高く
お箸も不要で機能的。
このシンプルさ、
なんならもはや、美しい。
今朝はどのサイズで
食べようか。
それぞれの大きさの
メリット・デメリットを
調査した。

のりの基本サイズ

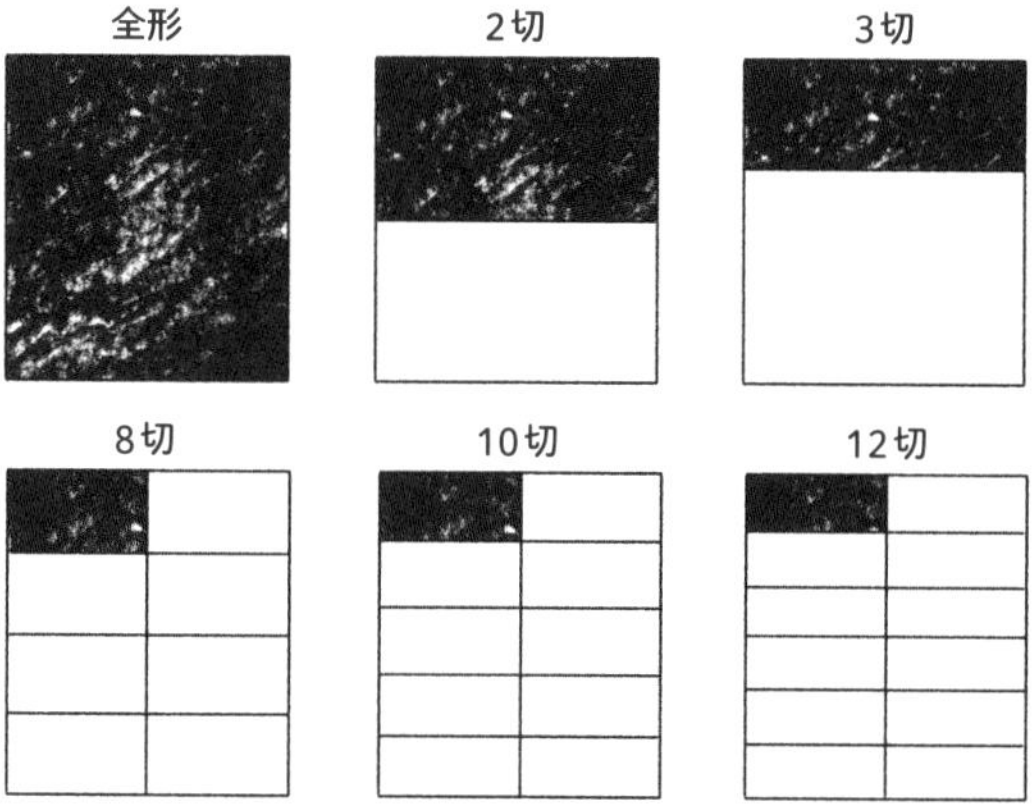

産地で味が変わる

のりは海の環境によって、風味に特徴が出る。有明産はやわらかくうま味が濃い。瀬戸内産は磯の香りとパリパリ感が強い。

のりの「全形《ぜんけい》」はなぜこのサイズ？

のりは縦21cm×横19cmと、じつは正方形ではない。これは江戸時代にのりの輸送に使われていた「大八車《だいはちぐるま》」に、効率よく積める「大森小判」という箱のサイズが20.6cm×18.8cmだったため。それが全国に浸透していったと考えられている。

最強の調味料&栄養食材

のりのうま味は、動物性と植物性の両方がそなわっているため、ただ巻くだけでおいしさが底上げされる。また海藻なので食物繊維がとれるし、葉酸、カルシウム、抗酸化成分なども含まれていて栄養価が高い。

食べられるまで 2分

↓少ししょうゆをつけ、お茶に軽くひたすと飲みこみやすくなる

ながらの 8切

メリット
一口で食べれば、お行儀は悪いが、もぐもぐと咀嚼しながら着替えなどができるサイズ。ごはんものりにのせやすい。

デメリット
二口以上で食べる場合、のりが噛み切りにくい。大きく口を開けたくない朝は、あまりおすすめしない。

おちょぼ口の 12切

メリット
おちょぼ口でも一口でパクッと軽い。幸福感のあるサイズ。味のりを選べば、メリハリを感じる。10切もほぼ同じ。

デメリット
味付きのものは、少し皿が汚れる。ペタッと手についてしまうことも。しゃもじから直接のりにのせる場合、細かい作業がややめんどう。

本気の 2切

メリット
ごはんのどっしり感を味わえるワイルドサイズ。胆力が必要なここぞという予定のある、本気の朝にちょうどいい分量。

デメリット
のり自体にもほどよい塩気があるが、ごはんが多いため、そのままだと薄味に感じる方も。軽く塩をふったり、ごま油をたらしたりしても。

あわてんぼうの 3切

メリット
あわてていてもごはんがこぼれにくいサイズ。海藻の持つ塩分が、朝の舌に心地いい。薄くぺったりとかじる独特のよさがある。

デメリット
歯でのりをがっしり噛み切ることになるため、出かける前の歯磨きは必須。

のり一句
うまいのに　なんで主食に　ならないの

ENERGY

もっとラフで、もっとも踊れる
ふろしきおにぎり

朝のおにぎり。お皿にじかにおくと、ごはんがカピカピになって洗うのが大変。だから、全形のりでプレゼントのように包みました。

メリットは洗い物だけじゃない。具材の側にのりが重なって補強されるから、具がはみ出しづらいのだ。だから、片手で持って、踊りながらでも食べられる。

お皿の上で作ってもいい。和でも洋でもどんな具も合う。ごはんでサンドする「おにぎらず」以下の努力でできる、史上もっともラフなおにぎり。最小限の労力で、元気なエネルギーを自分に贈れる。

食べられるまで 5分

材料

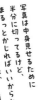

レタス…1枚
ハム…2枚
のり（全形）…1枚
ごはん…120g
マヨネーズ…適量

作り方

①レタスは10㎝角にぎゅっと折りたたむ。ハムは半分に切るか折る。
②のりの中央にごはんをのせ、マヨネーズをかけ、①を重ねる。
③下、左右、上と順番に包む。

写真は中身見せるために半分に切ってるけど、まるっとかじればいいからね。もし切りたいときは、ラップをしてそのまま切ると圧が分散して切りやすいよ

梅しそにぎり

青じそ、塩昆布、梅干し（ちぎる）

古きよきレトロおにぎり。塩昆布の風味と梅干しの強い塩気で、田舎のおばあちゃんのおにぎりみたいな懐かしさ。具が少ないので、アップ&ダウンが激しくても片手で食べやすい。

明太チーズにぎり

スライスチーズ、明太子（ちぎる）

王道にぎり。明太子の魚卵らしいクセを、チーズの脂肪分がまろやかにしてくれる。ペタッとしているので、くるくる回っても遠心力で具が飛ばない。

↓タンパク質多めの具材の場合、P34のみそ汁で野菜をとってビタミンを補うと吸収がよくなる

大将のひとりごと
おにぎりにしづらい混ぜごはんなんかも、これやったら包みこめる。具材はなるべく細かめ、やわらかめにしたほうが、食べやすくて踊りやすいで。

サンバ級

かにマヨにぎり

かにかま（ほぐす）、きゅうり（せん切り）、マヨネーズ

若さを感じるネオにぎり。かにかまとマヨがごはんにぴったりマッチする。少しおいてから食べると、きゅうりの水分でのりがやわらかくなるので、速いステップを踏みながらでも噛み切りやすい。

日本舞踊級

納豆にぎり

納豆、サラダ菜

お茶碗を汚さずに納豆ごはんが食べられる！　の感動にぎり。のりが重なる側に納豆がいるので、手厚くカバーされてはみ出しにくい。納豆の粒が大きく量が多い場合は、集中力が必要だが、そこは細やかな指さばきで乗り越えよう。

ベリーダンス級

まるごとゆで卵にぎり

塩ゆで卵（P122）、のりつくだ煮、マヨネーズ

ごろっと塩ゆで卵が丸ごと入った、大胆にぎり。のりつくだ煮とマヨのコク、卵の黄身がとろけてくるのが最高に濃厚。おいしすぎて腰がシャラシャラ揺れても大丈夫。

クラシックバレエ級

目玉焼き紅しょうがにぎり

目玉焼き、紅しょうが

あっと驚く新鮮にぎり。これは、紅しょうがを常備したくなる。味つけは中濃ソースだと焼きそばっぽくなるし、マヨネーズとしょうゆでも。アラベスクしながらでも。

ごはんの量が多すぎると、包めなくて崩壊するから気をつけてね。ちなみにP106の手づかみドッグの具をこっちに入れてもおいしいよ

社交ダンス級

おかかちくわにぎり

ちくわ（斜め薄切り）、削り節、かいわれ、しょうゆ

心落ち着くおにぎり。おかかの「知ってる味」感、ちくわの食感にしみじみする。しょうゆがしみたごはんのふるさと感よ。水分が少なめなので、激しいターンにもたぶん耐えうる。

↓前日の残り物のから揚げ、しょうが焼きなどを包むと、脂質が多いので腹持ちもよく、タンパク質もとれる

ダンスあるある

家族だけに見せる変なダンスがある。

自分で調合するからわかる ふりかけの正体

市販のふりかけを1つ買うと、
ずーっと同じ味を
食べ続けることになる。
だから、家にある材料を組み合わせて
ふりかけを作ることにした。
家にあるものの掛け算で
こんなにごはんがおいしくなるとは……。
正体を知ると、作るのも食べるのも
少し得意な気分になれる。

チーズカレー塩
大人のごま七味

＼正体／

粉チーズ…大さじ1
カレー粉…小さじ½
塩…小さじ⅓

もはや携帯できるカレーライス。ある日突然襲いかかるあの「カレー欲」が満たされる味。チーズの風味とコクが、カレーの華やかさを引き立てる。

＼正体／

刻み白ごま…大さじ1
七味唐辛子…小さじ½
塩…小さじ⅓

わりと辛い！ これは大人向け。辛味があとを引き、もう一口……を呼びこむ。七味しかないのに二十七味くらいあるのでは。

水分
やさしさ
エネルギー
体温
栄養

食べられるまで 3分

ふりかけ活用法

①おにぎりにまぶす
②ごはんにかける
③バタートーストにかける
④ゆで野菜にかける

家にあるもの
適当に混ぜて
マイふりかけ、作ってみよ。
失敗しても、
ほかのメニューより
ダメージ少ないで

「今日限定の味」として毎日調合する、その場かぎりのよさもあるし、多めに作って1週間くらい地道に楽しむよさもある。

ナッツおかか塩昆布
のり塩こしょう

＼正体／

削り節…1袋
ミックスナッツ（刻む）…15g
塩昆布…10g
しょうゆ・みりん・砂糖・酢・ごま油…各小さじ1

ナッツの食感。塩昆布の塩気。そしていろんな調味料が合わさった複雑なコク。気をつけろ！ ごはん泥棒が出たぞ！

＼正体／

青のり…大さじ1
白こしょう…10ふり
塩…小さじ⅓

青のりの、嵐のような磯の香りに、こしょうの爽やかな辛味。のり塩は、ポテチよりごはんのほうが合うんだ、と発見。

ふりかけあるある
うっかりドバッと出てしまい、つまんで袋に戻す作業を年1回はやってしまう。

LABORATORY

水の温度は？

実験レシピ

「朝は米派」の方にとって
ごはんのおいしさは
重要な議題。
そこで、水温という観点から、
米を炊き比べてみた。

A 常温

18.2℃

甘みがあって、もっちりしている。スプーンで食べると米粒がぜんぶくっついてくる感じ。舌の上にのせると、すでに米がくっついてつぶれている。

材料

米…2合（360㎖）
水…360㎖

作り方

① **米を研《と》ぐ**
米をはかってざるに入れる。ボウルに水をはり、ざるごと米をひたしてすぐに引き上げる。水は捨てる。

② ボウルに再び水を入れ、米をひたす。両手でやさしく20回こすりあわせ、濁った水を捨てる。これをもう一回繰り返す。

水が透明になるまで研ぐ必要はないよ

③ **吸水させる**
水気をきり、ざるのまま**30分**おく。

ホコリが入るのが気になる人は、ラップかけてね。水につけなくても、米のまわりについた水を米が吸うよ

④ **炊く**
炊飯器の内釜に米を入れ、水を加えて炊く。

ごはんがおいしく炊ける

B 常温＋氷3個

米の香りがふわっと心地よく、粒がAより立っている。甘みもあるが、食感が際立っている感じ。つややかさもある。

C 冷蔵庫に入れておいた冷水

米がしっかり粒立っていて、噛みごたえがある。口の中に入れるとほろほろとほどけていき、パラッとした感じ。噛むとじんわり甘みが出てくる。

結果

C＝5℃で炊くとおいしい

正直、米派にとってはいずれにも魅力があり、選択に悩んだ。しかし、当研究所では、朝からしっかり咀嚼できるCを選ぶことにした。ハリがありつつふっくらとしていて、噛むほどに甘い。おにぎりにしたときに米同士がベタッとくっつきすぎないのも朝に向いている。ただ、Bもかなりおいしく、人によってはBのほうが食べやすいという声もあった。そもそもなぜ水が冷たいとおいしいのか？ まず、米のでんぷんが糖分になる温度が80℃とされているのだが、水が5℃だと、80℃になるまでに時間がかかる。ゆっくりと温度が上がっていくと米の甘みが引き出される。逆に、水がぬるいとでんぷんが溶け出た水で炊き上げることになるため、粘り気が出てしまうのだ。

ごはんあるある（食いしんぼうの場合）
小分けにして冷凍するつもりだったのに、炊いたやつぜんぶ食べちゃう。

ENERGY

白パンは、ごはんみたいに「和」で食べる

白パンのしゃけマヨサンド

白パンとは、焼き目のないロールパン。ロールパンは約200℃で焼き上げるが、白パンは約160℃。低温なので水分が抜けにくく、ふっくら・しっとり・もっちりの三拍子そろった食感になる。これが「ごはんっぽい」ので、和風の味が合うのだ。

一口食べれば「これ380円では?」という惣菜パンクオリティ。パンを10秒ほどチンしてからはさむと、ふっかふかに。

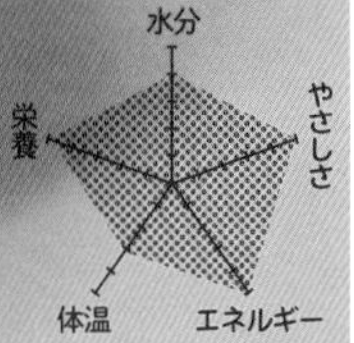

食べられるまで 3分

材料

- 白パン…1個
- マヨネーズ…適宜
- サラダ菜…2枚
- P81の塩じゃけそぼろ…適量

作り方

① 白パンに切り目を入れる。
② マヨネーズをぬり、サラダ菜、塩じゃけそぼろをはさむ。

肉じゃが、切り干し大根、きんぴらごぼう、つくだ煮……
夕飯で「甘辛味」の
和風おかずが余ったら、
翌朝白パンに
はさむと生まれ変わるで

白パンは、濃い味つけの「和」にも合う

白パンのさんまバーガー

目を見開いた。さんま缶ってこんなにうまいのか。煮詰まった甘辛い蒲焼きのタレに、マヨの脂肪分、辛子の鮮やかさが重なり、ジャンキーじゃないのにジャンク感がある。

とりづらい青魚の栄養、DHAやEPAもとれるし、骨までやわらかいのでカルシウムもとれる。でも、そんな健康の付加価値を忘れるくらいおいしい。

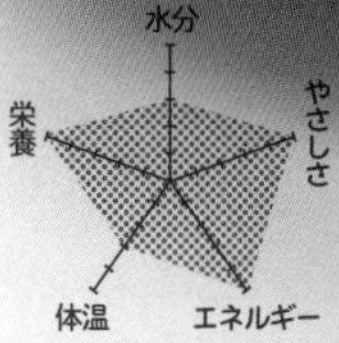

食べられるまで 3分

材料 2個分

白パン…2個

A

マヨネーズ…大さじ1

辛子…小さじ1/2

さんま缶・蒲焼き味…1缶（100g）

玉ねぎ…1/10個（20g）

サラダ菜…4枚

作り方

1. 白パンに切り目を入れ、Aをぬる。
2. さんま缶は汁をきる。玉ねぎは薄切りにする。サラダ菜をたたむ。
3. 白パンに具材をはさむ。

朝聞くと一日頭の中をループする曲
おさかな天国。

ルーティンを検証！

食パンは何枚切りをどう食べる？

スーパーでもコンビニでも、どこでも手に入りやすい食パン。ただ、日常的になりすぎて「とりあえず食パンでいっか……」と妥協で選ばれがち。そこで、食パンをもっとおいしく食べるために「何枚切りか」の個性をふまえた食べ方を研究してみた。

スーパーなどで売っている食パン1斤は「340g以上の重量のもの」という規格なので、見た目の大きさがけっこう違うことも。なので、同じ「6枚切り」だったとしても、ふっくらしたパンは、かなり分厚い見た目になる。

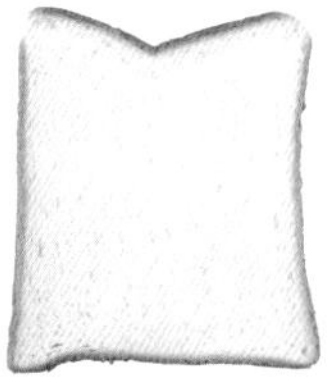

山《やま》食《しょく》

焼くときに型にふたをしないとこうなる。気泡が大きめなので、トーストするとサクッと感が出やすい。耳が食べやすい。

角《かく》食《しょく》

焼くときに型にふたをするとこうなる。山食よりも密度が高いため、きめ細かくもっちりしている。生で食べるのにも向いている。

保存はどうする？

残りそうなときは、賞味期限をすぎる前に冷凍を。1枚ずつラップでぴっちりくるんで、保存袋に入れるのがベスト。冷凍も永遠ではないので2週間以内に食べきって。食べるときは自然解凍でも、凍ったままフライパンやトースターで焼いてもいい。

10枚切りは「2つの食感」

食感や具材を味わうのが8枚切り以降の特徴。10枚切りなら毎日サンドイッチを作っても5日食べられる。焼くとクリスピー感が出て主役にもなるが、サンドイッチでは脇役に徹し、具を引き立てる。

8枚切りは「立体的な具」

もともとはサンドイッチ用。なので「具の衣」として扱うとおいしく食べられる、P162のホットサンド、P181の生ハムジャムトーストなどでも使える。

6枚切りは「こんがりチーズ」

6枚切りはごはん100gとほぼ同じカロリー。そんな標準装備のパンだけに、シンプルだけど奥深い食べ方が合う。それは定番、チーズトースト。うとまれがちな耳までうまい。

5枚切りは「甘じょっぱい」

関西では主流とされる5枚切り。6枚よりも食パンのしっとり感を味わえて、4枚ほど厚すぎない。一人暮らしなら、平日5日間で食べきれる、そのきりのよさも魅力。

4枚切りは「ケーキ」

4枚切りは、ふわふわを味わうためのパン。贅沢に甘くして、「厚切りのホットケーキ」だと思って食べるのがおすすめ。

テツローさんのひとりごと

パンの耳って、どうしても白いふわふわを食べるための「試練」だと思ってしまう……（大将「うちのボスは耳が好きや言うてたで。よく噛んで味わうと、香ばしくて味も濃いからなんやって」）。

「ケーキ」として味わう

4枚切り

ふわふわの4枚切りは、甘いものと合わせてケーキ風に。

十字に切り目を入れて焼くと、表面の香ばしさと中のふわふわ感のバランスがよくなる。フライパンで中火で3分ずつ焼いたあと、具材をのせよう

はちみつバタートースト

ぺったりした甘みとバターの塩気が重なり、あまりにも至福。シンプルだから週1は食べたい。

ジャムバタートースト

この、王道の組み合わせがいちばん合うのが4枚切りの実力。手でちぎって、やわらかい中心部から食べるとハッとする印象に。

W《ダブル》いちごホイップトースト

ほぼショートケーキ。ジャムをぬってさらにいちご感と甘みが増してる。しかもあったかくて、ケーキよりおいしいかも。

バナナホイップシナモントースト

いつものバナナがガウンをまとう。思わず目をつむる味。シナモンはお好みで。

「甘じょっぱい」を味わう

5枚切り

ほどよい厚みの5枚切りは、オーブントースターへ。上に具材をのせて焼くと、下がこんがり焼けるので、香ばしさとふんわりの両方が味わえる。

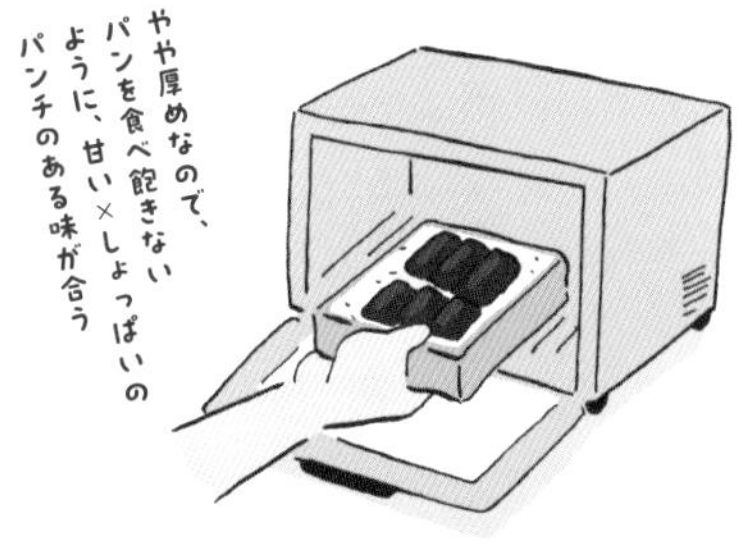
やや厚めなので、パンを食べ飽きないように、甘い×しょっぱいのパンチのある味が合う

あんバタートースト

ゆであずきの代わりにミニようかんを薄切りにして。バター（10g）は焼く前にのせるとパンにしみてジュワッ。冷めてから後のせにすると、口の中でひんやりバターが溶ける。

あんチーズトースト

スライスチーズ1枚に、ミニようかん（薄切り）1本。こういう鯛焼きあるよね？ という強めの塩気と甘み。好みでチーズたっぷりにしても。

はちみつクリームチーズトースト

もはやレアチーズケーキ。クリームチーズは均一ではなく、波打つようにぬってからはちみつをかけると「甘い一口」と「しょっぱい一口」が交互に訪れて最後までうっとり。

はちみつみそバタートースト

はちみつ（大1）に、みそ（小1）を混ぜてぬり、バターを散らす。まるで五平餅みたいなこってり感がある。甘みと塩気の奥行きに舌つづみ。

ミニようかんどこに売ってる一句
コンビニの　フィナンシェあたりに　じつはいる

「こんがりチーズ」を味わう

6枚切り

研究員の一人が「今朝、チーズを1枚だけのせたトーストを食べてきたんですけど、今これ食べて感動してます」と言っていた。ちまたのチーズトーストより、ぜんぜんチーズの味がする。

6枚切り
ぜんぶ違った味で
食べられるで

チーズは焦げてなんぼ！ 機種によるけどオーブントースターで8分が目安。際までのせて、耳までカリカリ。チーズは「とろけるタイプ」を買って。

カチョエペペ風トースト

トーストしたあと、バターをたっぷり20g。そこに粉チーズ（大2）とブラックペッパーを好きなだけ。「カチョエペペ」とは、チーズとこしょうで作るイタリアのパスタ料理。粉チーズがザクッとしてスナックみたいな楽しい食感。バターがしみたパンは甘く、ペッパーで頭が冴える。

たぷたぷチーズトースト

ポイントは、スライスチーズを3枚重ねること。一口目から「んー!」と声が出る。チーズの海にどぶんと潜るような、満たされる濃さ。耳のサクサクとチーズたっぷりの対比は、もはや音楽。絶対作って！

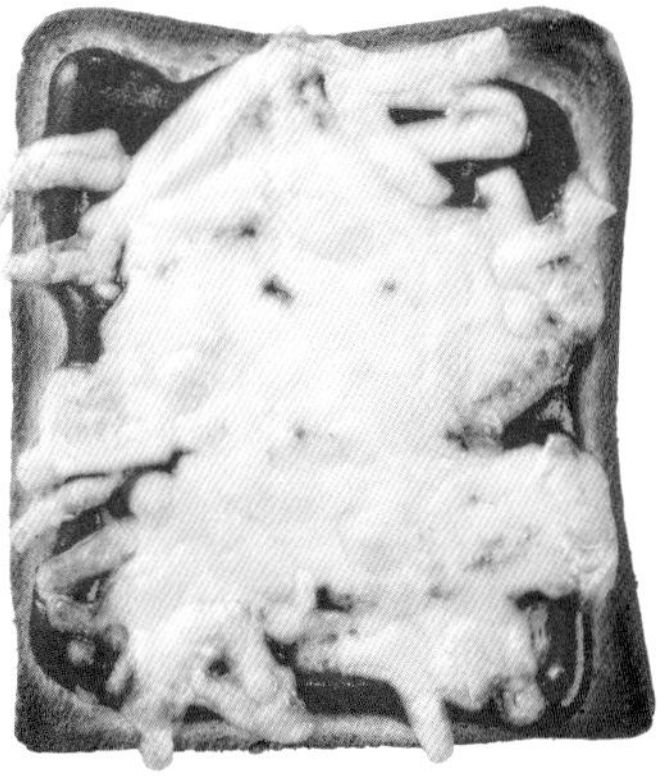

ピザ風チーズトースト

パンにケチャップ（大さじ1）をぬってから、ミックスチーズ（30g）をのせて焼くだけで、いろいろ具材をのせなくても脳が「ピザ」と認識する。ケチャップがパンにジューシーさをくれて、「料理を食べた」満足度が高い。

定番マヨチーズトースト

パンにマヨネーズ（大さじ1）をぬり、ミックスチーズ（30g）をのせて焼く。ポイントは、マヨを先にぬること。パンに油分がしみこんで、懐かしい香りに包まれる。チーズの厚みをしっかり感じられるほっとするトースト。

濃厚クリームチーズトースト

クリームチーズ（30g）をぬり、ミックスチーズ（30g）をのせて焼く。クリームチーズのなめらかさに、焦げたチーズのうま味が強調された濃い味。噛むほどに無心になっていく。

山のチーズトースト

パンにミックスチーズ（30g）、粉チーズ（大1）をかけて焼く。いちばん「チーズの乳《ちち》っぽさ」を感じるので、チーズ好きにおすすめ。目玉焼きをのせると、山で食べる朝ごはんみたいになる。

大将のひとりごと

チーズトーストは、そのままでも完璧やけどアレンジの幅が広いねん。ベーコンエッグやスクランブルエッグのせてもええし、ゆでブロッコリーの残りとか、蒸し野菜とかもええで。あと、のりも合う！

「立体的な具」を味わう

8枚切り

8枚切りは、立体的な具をはさんで手づかみドッグにしよう。「ドッグパン」というホットドッグ用のパンは1つあたり45～50g。これは8枚切り1枚と同じくらいの質量なので具とパンのバランスは立証済み。

パンにのせてはさむだけ。焼かないし、お皿も汚れない

紅しょうがチキンサンド

｜材料｜

サラダチキン（P140）、紅しょうが、ごま油、サラダ菜

一口食べて「!?」となるうまさ。予想以上の味。サラダチキンに紅しょうがって、こんなに合うのか。強めの塩気と刺激に、ごま油の香りとコク。食パンの甘みを感じるサンド。

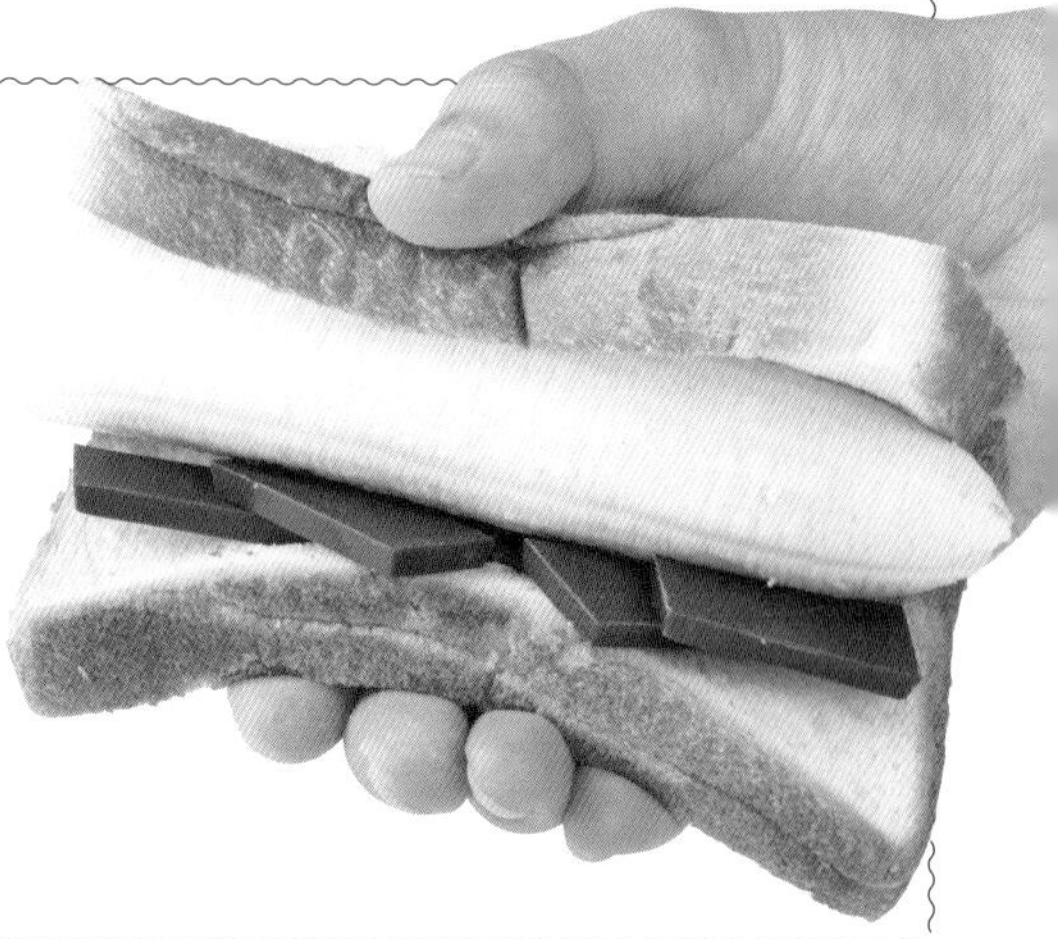

板チョコバナナサンド

｜材料｜

バナナ（1本）、板チョコ

甘い気分の朝はこれ。バナナは丸ごとのせるだけ。板チョコは少しくだくと食べやすい。食パンには塩気があるので、甘すぎないまま食べきれる。ホイップをのせても。温かい飲み物とごいっしょに。

アボカドクラブ風サンド

|材料|

アボカド(½個)、かにかま(3本)、マヨネーズ

あふれるかに感! クリーミーさとジューシーさが、食パンのもそっと感をカバーして、こぼれないよう気をつけてたら、気づくとぺろりと食べ終えている。

ホットドッグ風サンド

|材料|

ウインナー(焼く)、サラダ菜、粒マスタード

ウインナーの塩気が、食パンの甘さを引き立てる。ウインナーは、長さや太さなど、お好みでアレンジを。

B・E・T ベーコンエッグトマトサンド

|材料|

カリカリベーコン(P131)、スクランブルエッグ(P74)、トマト(スライス)

王道のおいしさ。とろとろの卵に、トマトのじゅわっと感が食パンにうるおいをくれる。耳もアクセントになっている。ベーコンたっぷりにしても。

ハニーマスタードハムサンド

|材料|

ハム(4枚)、サラダ菜、はちみつ(小1)、粒マスタード(小1)

薄切りハムは層にすると食べごたえが出る。はちみつとマスタードを混ぜるだけで、売ってるみたいな味に。

10枚切り

「2つの食感」を味わう

切ってからカリカリに焼いて
クリスピー感を味うもよし。
定番のサンドイッチで
やわらかさを味わうもよし。
枚数が多いので
アレンジの幅が広い。
カリカリ派はぜひ、
ぺったりとしたクリームチーズの
上に具をのせてみて。

4等分に切ってから焼くと
カリカリになりやすい

クリームチーズサーモン

間違いない組み合わせ。たった一口で「わたくし先程アフタヌーンティーしてきましたけど？」という態度で一日をすごせる。

クリームチーズ生ハム

クリーミーさが、生ハムのうま味を引き立てて、ずっと味わっていたくなる。

クリームチーズ板チョコ

板チョコの立体的なおいしさに、チーズのしょっぱさが重なる。1個じゃ足りません。

クリームチーズはちみつナッツ

ナッツの食感がトーストのサクサクと重なる。小さなタルトのような味。

基本のサンドイッチ

作り方

① パンの片面にマヨネーズ（バター）をぬり、**具材**をのせる。

② もう1枚のパンではさんでラップで包み、冷蔵庫で**15分**休ませる。ラップごと半分に切り分ける。

具材の作り方

A きゅうり（1本）は斜め薄切りにする。塩（少々）をふり、水気をふいてから、パンにずらして並べる。

B ゆで卵（3個）をちぎり、フォークでくずす。マヨネーズ（大さじ2）、塩、こしょう（各少々）を混ぜる。

C 薄切りハム（2~3枚）を折って重ねて並べ、レタス（1枚）をぎゅっとたたんでパンにはさむ。

D ツナ缶（小1缶）は缶汁をきってマヨネーズ（大さじ1）を混ぜ、きゅうり（½本）はせん切りにする。順にパンにはさむ。

B卵サンド

やっぱりおいしい、いつでも食べたい。もっと毎日食べてもいいじゃん、と思うド定番の味。P122の塩ゆで卵を使うとめっちゃラク。

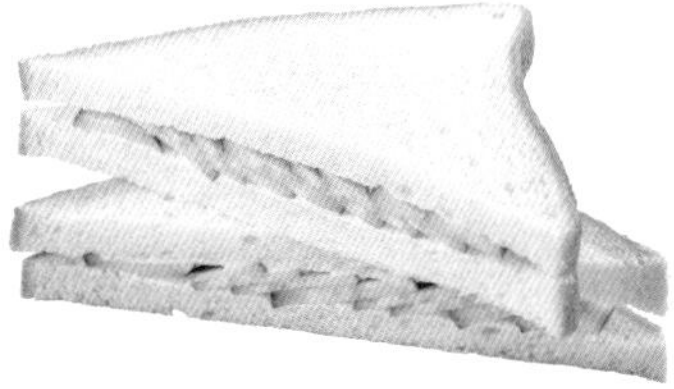

Aきゅうりサンド

英国貴族も愛した味。昔のイギリスでは、きゅうりは高級食材だった。マヨの酸味のあとに耳をかじると、甘さと香ばしさを感じて美味。

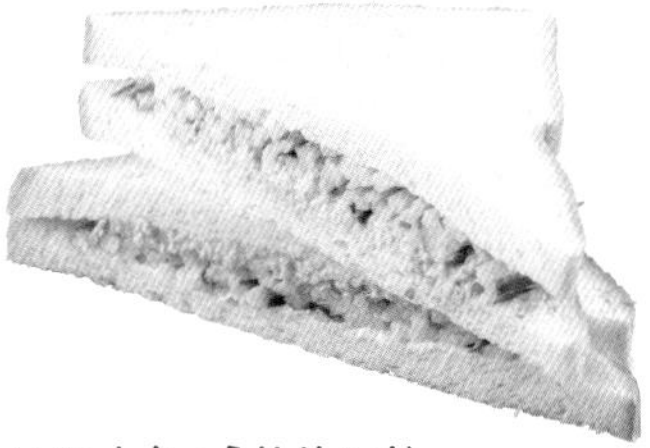

Dツナきゅうりサンド

懐かしさと安心感がこみあげる味。気づけばぺろりとたいらげている。じつはタンパク質も野菜もとれる栄養万能サンド。

Cハムレタスサンド

家で作るならレタスをたっぷり。市販の「見えるとこだけレタス」に対抗し、ぎゅぎゅっとはしまではさみましょう。

大将のひとりごと

サンドイッチのパンに何をぬるかは目的による。マヨは、やわらかさを与えてくれるから、パンがパサついているときに。きゅうりみたいに水っぽい野菜を使ったり前日に作ったりするなら、水をはじくバターがええで。

LABORATORY

いちばんおいしい？実験レシピ

A 焼き網

水分　☆☆

香ばしさ　☆☆

スピード　中火で8分（表裏合わせて）

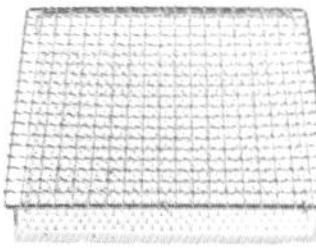

焼き目がいかにもおいしそうな焼き網。手で割いてみるとピーッときれいに割ける。口に入れると、もっちりしていて甘みがある。

いろんなパンの食べ方を紹介したけれど、シンプルに焼いてもおいしい。それが食パン。
でも、何で焼くのがベストなのか？
3つの道具で、6枚切りの食パンを焼き比べてみた。

フライパンで焼くときは、
バターで焼くと
よりおいしいよ。
縦横に2本ずつ
格子状の切り目を入れると、
バターがしみしみになるよ

ASAGOHAN

Data

↓スクランブルエッグやしらすチーズをのせるとタンパク質がとれる

食パンは何で焼くと

B オーブントースター

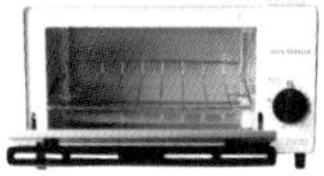

水分　☆

香ばしさ　☆☆

スピード　1000ワットで10分

手で割いてみると、割くというより「割れる」という感じでちぎれていく。口に入れた瞬間、水分がバーッと奪われていくのがわかる。喉ごしも少し、ごわっとしているような。

C フライパン

水分　☆☆☆

香ばしさ　☆☆☆

スピード　中火で6分（表裏合わせて）

明らかにおいしい。耳の部分が熱源に触れて、カリッとこんがり焦げている。しっとり感もありつつ、香ばしさとのメリハリがついていて、食べ飽きない。

結果

C＝フライパンがおいしい

これは、食パンと水分との戦いであった。

一般的なオーブントースターは、密閉された空間内の水分しかない空気の中で焼いているため、乾燥しやすい。最近は水分を足して焼けるものもあり、それらを使うとまた結果は変わりそう。

焼き網は、広い空間の中で焼くため、トースターに比べて使える水分量が多い。そのため、もっちりする。

そして、フライパン。これは直火で焼くため、水分が飛びにくく、しっとり感がキープされやすい。ほうっておけないのが難点だが、焼けるまでの時間が速いのでそこは目をつむりたい。

試食では、Cがいちばん人気で、みんな何もつけずに食べまくり、大幅に減っていた。

冷えたバターとパン一句

穴があく　わかっているのに　なぜ待てぬ

ENERGY

朝は食パンじゃない気分

甘く食べると おいしいパン

くるみパン

くるみパン、雑穀パン、イングリッシュマフィン。食パンに飽きたら、この3つのパンを買ってみよう。普通のパンより大地を感じる「ミネラルの風味」が強いので、甘く食べるとその滋味深さが映えるのだ。

クリームチーズ＆ブルーベリージャム

フルーティーさとクリームチーズの塩気。森の中でリスにもてなされたかのような甘さとコクが、くるみのわずかな苦味とマッチする。

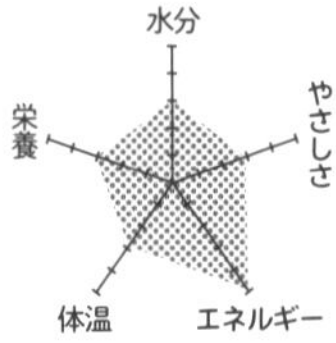

食べられるまで 3分

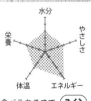

イングリッシュマフィン

雑穀パン

バター&砂糖&刻み白ごま

マフィンは表面積を食べるもの。手でランダムに割いて加熱すると、ざくざくと香ばしい。そこにしみこんだ甘じょっぱさ、白ごまのただものではない香り。「もう一個食べたい」の声が多く聞かれたミラクル味。

バター&はちみつ

シンプルだが、雑穀の渋味にはちみつのクセが重なって、プレーンな食パンで食べるよりも一体感がある。

まちがいさがし
A きつねにつままれた　B きつねにつつまれた

ENERGY

混ぜたボウルでレンチンすれば ふわほろ蒸しパン

「主食がない！」そんな朝のために、買っておいて損はないのがホットケーキミックス。同じ材料を使うのに、レンジとフライパンでは、ぜんぜん違った料理に仕上がる。

蒸しパンは、市販のものより軽やかで、密度はあるのにほろりと口どける。甘みもほどよく、ミルキーさもある。何もつけなくてもおいしいが、バターやジャムと合わせるとほぼケーキ。

材料 作りやすい量

ホットケーキミックス…150g
サラダ油…大さじ1
砂糖…大さじ1
牛乳…180㎖

食べられるまで
10～15分

ENERGY

同じ材料で別世界

ふわ軽パンケーキ

市販のパッケージのレシピには、たしかに「卵」と書いてある。だけど、今回は少しでも材料と手間を減らしたかったので、卵を省いて試作をしてみた。そしたら軽くてふわっと仕上がった。

休日に食べる分厚いホットケーキじゃなくて、指でつまんで食べたい感じの軽やかさ。本来硬くなりがちな縁のほうまでふわふわしている。少し時間が経ってから食べてもエアリー。

パンケーキはこの分量で、6枚焼けるで。
はちみつやバターも合うし、
ホイップクリームに
バナナもええな。
どっちも冷凍できるで

蒸しパンの作り方

① 材料を耐熱ボウル（18cm）に合わせてよく混ぜる。

② ボウルにふんわりラップをして、レンジに**5分**かける。

③ 出したら、ラップをぴっちりかけなおし、そのまま**5分**おく。

④ ボウルを器の上に返す。大きめのスプーンですくって出しても。

パンケーキの作り方

① 材料をボウルに合わせてよく混ぜる。

② フライパン（26cm）に油（適量）をぬって**中火**で**3分**熱し、濡れふきんの上において少し冷ます。

③ ①の½量を3等分して流し入れ、ふたをして**弱火**で**4〜5分**焼く。

④ 表面に気泡ができたら、返して**2〜3分**焼く。残りも同様に焼く。

テツローさんが作ってみたら

9月9日（月）

最近、スーパーで食パン売り場に行くと、ラインナップの豊富さに圧倒されて時が止まっていた。だけど、大将に「何枚切りか」で方針を変えるという話を聞いてから、ちょっとわくわくして見えるのだ。

いつも6枚切りを買っていたけど、正直一人になってから賞味期限までに食べきれず、後半、惰性で食べていた。だからこのチーズトーストは画期的だった。6枚ぜんぶ、違う味だから飽きなかったし。あ、あの「たぷたぷ」のやつ！　あれはけしからん。「おいおい、チーズの海に突き落とす気かーい」と一人ツッコむはめになった。いつも残したくなる耳が、サクサクでおいしい。

見慣れた材料なのに、こんなに変わるとはなぁ。心なしか、カルシウムもとれてイライラも減った気がするんだ、とナナミに伝えたら「気のせいじゃね？」と言われた。

9月18日（水）

今朝は雨。雨がふるとかんたんに気分が沈む。こういうとき、人はただの自然だなと思う。ほんとは休みたいけれど、今日は西尾さんとランチの約束をしたから行かないと。なんだか人間関係で悩んでいるらしい。西尾さんはやさしいから、いろいろ

遠慮してるんだろうな。たいして役には立てないけど、話を聞くくらいなら。そうだ、4枚切りの食パンをケーキみたいに食べる方法を教えてあげたら、ちょっとは元気出るかな？　いや、おせっかいかな……。

10月5日（土）

朝ごはん食べるようになってから、ちょっとだけ体調がいい。食べない派の人もいるから、あんまり声高にはすすめないけど、自分にはたぶん、合っている。マラソンの給水ポイントみたいな感じかな。「あ、今日は食べないほうがいいかも」って日もわかってきた。前より体の声が聞こえるようになった気がするんだ、とナナミに言ったら「気のせいじゃね？」と言われた。

10月19日（土）

今日は、リュウの保育園の運動会。晴れてよかった。おじいちゃん参加のパン食い競走もあるらしいから、朝は米だな、と思ってふろしきおにぎりを作った。具は納豆。あ……ごはんを入れすぎて、ふろしきが閉まらない。のりもパリパリで尖ってる。ピンチだ。そうだ、ラップでぎゅっとしてみよう。……おお、のりがしっとりして、まとまりが出た。うん、これうまい！　ほどよい塩気。おいしい納豆巻きがさらにおいしい感じに……。調子にのってもう一個、明太子を入れて作ってしまった。パンに食らいつく意欲、減退。

体温の朝

タンパク質のこと

ホカホカごはん
パカッ
まぜまぜ
ほいっ
特製
納豆卵かけごはん〜
お〜っ
うん、うん…
や、間違いない
うまさです
納豆と
卵で
タンパク質が
ばっちり
とれる！
最強のメニュー！
特製って言ってますけど、特別なことはしてません
タンパク質…
なんとなく
筋肉作りたい
人が食べるって
イメージが
ありますけど
ぼくは
ちょっと
どうかな…
ドロン！
否！

タンパク質は
消化吸収に
エネルギーを使うから
体温が上がりやすい
ただ
あったかいもん
食べるのと違って
体の根本から
温める！
カーーッ
体温高いと
血液のめぐりが
よくなって
メグリ
メグッテ
免疫力が
高まって
風邪を
引きにくくなる！
タカマル！
いいことづくめ！
逆に
タンパク質が
足りないと
集中力の
低下
疲れ
やすく
太りやすく
なって…
肌やつめ、
髪に不調が
出やすくなる
踏んだり
蹴ったり…
ん〜でも
朝にタンパク質…
夕飯だったら
刺し身とか肉とか
とりやすいですけど
朝ごはんはパズルなり
そうそう、
だから
朝でも
とりやすい食材を
覚えておくとええで

アミノ酸スコアって聞いたことある？
アミノ酸スコア100
7g 豆腐1/3丁
7g 牛乳1杯
7g 卵1個
8g 納豆1パック
26g サラダチキン100g
4g ごはん1杯
4g ヨーグルト100g
高い食品ほど吸収されやすい、良質なタンパク質ってことやねん
タンパク質含有量です
ちなみに
脂肪はエネルギーになるのに倍の時間かかる
腹持ちさせたかったら脂質が多いものを
1食あたりにとるべきとされるタンパク質の目安は約20gや
だからさっきの納豆卵かけごはんに牛乳ちょっと飲んだら
4g＋7g＋8g
19g
トン！
完璧！
時間なかったら牛乳飲むだけでもじゅうぶん！
MILK
ボッ
うん！
非常に！
いい感じです！
力強いな！
つづく

週末にゆでれば、1週間安心

勢いで作る塩ゆで卵

ゆで卵は勢いだ。その勢いはスーパーから始まっている。勢いよくカゴに入れ、家に帰ったら勢いよく湯をわかす。そして卵を一気にゆでる。ゆで終わったらしっかり冷やしてクールダウン、かと思いきや、その勢いでぜんぶ殻をむいてしまおう。

この塩加減は、試行錯誤があった。2%の塩分濃度で作ったときは、ちょっと物足りない味だった。だけど、3%に増やしたら、なんとぴったりちょうどいい。単体でかじってもちょうどよく、黄身まで塩気がしみている。

これはもはや、食事というよりアイテム。卵は1個あたり約7gのタンパク質を含むので、朝食べたい食材。目玉焼きや卵焼きだと洗い物が出るけど、これを朝かじるだけなら洗い物は0。

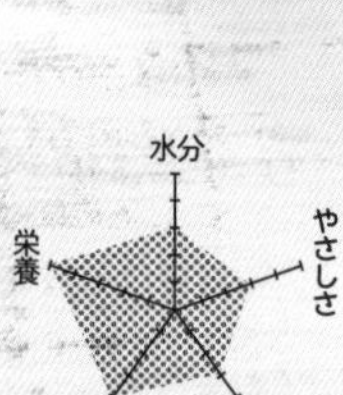

食べられるまで **8時間15分**

↓卵に足りない栄養素はビタミンCと食物繊維なので、P172の冷凍フルーツ氷ソーダを飲めば完璧

材料 作りやすい量

卵…6個

A
塩…大さじ1/2
水…1・1/2カップ

作り方

① 鍋（20㎝）にたっぷりの熱湯をわかす。冷蔵庫から出したての卵をざっと水につけ、**中火で8分**ゆでる。

② 冷水に取って完全に冷やし、殻をむく。

③ ジップ式の袋にAを入れ、卵を入れて空気を抜き、口をしっかり閉じる。冷蔵庫で**8時間**おく。1週間日持ちする。

一気に作っておくと冷蔵庫開けたときの安心感すごいよ

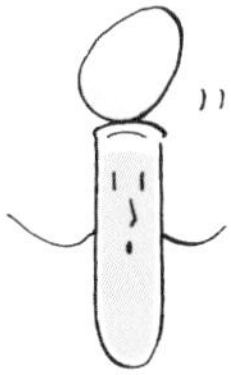

アレンジ研究 勢い余って丼にしよ

塩卵丼

ごはんに、サラダ菜、塩ゆで卵、マヨネーズと刻み白ごまをのせる。マヨと卵の組み合わせは絶対。マヨとごはん、卵とごはんが合うのだから約束されたおいしさ。

塩卵ドリア

ごはん（200g）を耐熱皿に広げ、牛乳（大2）、ケチャップ（大2）を順にかける。塩ゆで卵（2個）をちぎってのせて、チーズをかけ、トースターで**5分**焼く。

ホワイトソースとか使ってないのに、超ドリア！ 卵にチーズがとろりと絡んで、ケチャップのコクがオムライスを想起。がっつり食べたい朝に。

揚げ焼きおかか卵丼

塩ゆで卵（2個）は横半分に切る。小麦粉（大1）、A（大1）をよく混ぜて卵に絡め、削り節（1袋）をまぶしつける。フライパンに油を**中火**で熱し、切り口を下にして入れ、**2分**全面を焼く。ごはんにのせ、しょうゆと細ねぎをかける。

削り節の燻製感が、卵を新たな表情に導く。細ねぎが、品のいいジャンクさを足してくれる。

大将のひとりごと

冷えた卵をいきなり熱湯に入れると温度変化で殻が割れやすいけど、ざっと水につけてからゆでると、空気穴の部分に水が入ってワンクッションになるから割れにくいで。あと、水につけといたら約10分で常温に戻るで。

TAION

卵1個でだし巻き卵

しょうゆだってだしなのよ

だし巻き卵は食べたい。だけど、朝から卵を3つも4つも使うのは現実的じゃない。え、うそでしょ？ この写真のだし巻き、ほんとに卵1個で作ったの……？

1個でこの存在感を出すために、じつは秘密が2つある。まず、片栗粉を使うこと。卵が1個だと、凝固力《ぎょうこりょく》つまり「固まる力」が弱くなる。そこで片栗粉を入れると、きれいに固まり、舌触りもきめ細やかになる。

見た目だけじゃなく味もよい。1個の卵焼きのためにだしをとりたくない。そこで、しょうゆを使ったら、香ばしさが際立ってハッとする香り。そうか、しょうゆはアミノ酸を含んだ液体で、塩分も酸味も甘みもある。もはやだしなのだ。

そしてもうひとつ、卵焼き器を使っていないこと。もちろん使っても作れるが、丸い小さなフライパンで作ると、水分の蒸発がおさえられてボリュームが出る。キッチンペーパーで形をととのえ、斜めに切るのもコツ。

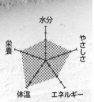

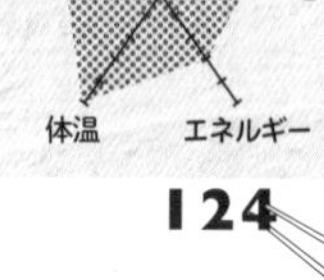

↓青のりや塩昆布を少し入れると、ミネラルもとれてうま味も増える

材料

卵…1個

A
水…大さじ2
しょうゆ…小さじ1/4
片栗粉…小さじ1/2

サラダ油…適量

作り方

① 卵は割りほぐし、Aを順に加えてよく混ぜる。

② フライパン（20㎝）に油を入れて**中火**で**1〜2分**熱する。

③ 卵液は3回に分けて入れる。まず1/3量を流し、固まってきたら左右を寄せる。

④ 向こう側から3つ折りにする。

⑤ 向こう側に寄せ、手前に残りの卵液の半量を流して3つ折りにする。残りも同様に焼く。

テツロー

大将

大将！あの「水：大さじ2」ってあるんですけど、今、入れてみたらけっこう水が多くてびびってます。小さじの間違いでしたでしょうか!?

固まるで！ほな！

ちょ、ちょっと！いや、大さじ2って書いてたから、入れてみたら、けっこうシャバシャバで……

大丈夫やって。だいたい卵豆腐とか、茶碗蒸しって、卵と水が1：1やねん。卵1個が50gくらいで、大さじ1が15ccやから、大さじ3杯ちょっとで1：1。だから、大丈夫やで！ほな！

いやいやいや！これ巻くんですよね？ほんとに巻けるんですか??

巻けるで。だし巻きの水の割合って、関西やと卵1個に対して大さじ2は入れるもんやねん。だしを食べるための卵焼きやからな。普通やで。
あと、水溶き片栗粉って加熱すると「あん」になるやろ？

ああ、天津飯の上にかかってるみたいな、とろっとしたやつですね。

そうそう。あれは、液体が加熱されて固体に近づいたもんや。あれがだし巻きの中でできるねん。片栗粉は小麦粉よりも低い温度で固まるから、火ちょっと弱めてゆっくりやってみて。多少ダマできても大丈夫やから。

TAION

上手に作れたら普通にうれしい ややスパルタ オムレツレッスン

ホテルの朝食ブッフェで
シェフが作ってくれる
（待ってるあいだ若干気まずい）オムレツ。
ちょっと小ぶりで、
割ったらとろーり。テツローさん、
あれを作りたくて、
大将に教わりにきました。

【材料】

卵…2個 —— 3個で作るときはフライパンを2分温める

牛乳…大さじ1

塩…ふたつまみ

こしょう…少々

バター…10g

テツローさん

大将

まずは卵をボウルに割って。卵黄を箸でつぶして、30回くらい混ぜよか。

はい（これくらいならぼくにもできるな）。

……今、これくらいならできるなって思たやろ。

ぎく！

声に出して「ぎく」言う人はじめて聞いたわ。あんな、序盤やけど、こめちゃくちゃ大事やで。卵を混ぜるときは、箸をボウルの底につけたまま往復させるねん。

底？な、なんでですか？

泡立てたらあかんからや。空気が入ってまうと、熱の伝わり方にムラができてまうから。はい30往復！

はいっ！1、2、3……30！

で、このあと、牛乳と塩、こしょうを入れて。さらに30回混ぜるねん。

1、2、3……30！しっかり混ぜるんですね。

そう。卵って、黄身と白身で油分と水分のバランスが違うから、均一な液体にせんとムラができるねん。で、ここがポイントや。10分待つで。

え！なんですぐ焼かないんですか？

この10分の間に、塩でタンパク質が変性して、白身と黄身がよりなじんで一体化するねん。塩のナトリウムの効果やな。

へえ〜！知らなかった。

うちのボスが、毎週末に卵焼き作るんが習慣やねんけど、卵に調味料入れてからお風呂入って、そのあとで焼いたほうがおいしくできるな〜って思てたんやて。それで試しにオムレツでやってみたら、中のとろっと感がぜんぜん違ったらしいねん。さ、10分あるし、踊れるで！

えっ、踊るんですか!?

——10分後

さ、もうええやろ。ほな、20㎝のフライパンに油を薄くぬって火をつけて。中火で1分待つで。

はあ…はあ…まさかほんとに踊るとは……（疲）。

1分たったら、バターを加える。ほぼ溶けたら、卵を一気にそそいで、10秒数え

るで。

1、2、3……10！
ここ！ここで火を止めて！

はい！

すぐ、外から内に、ゴムベラで混ぜ続けて。フライパンもたえず小刻みに動かして。

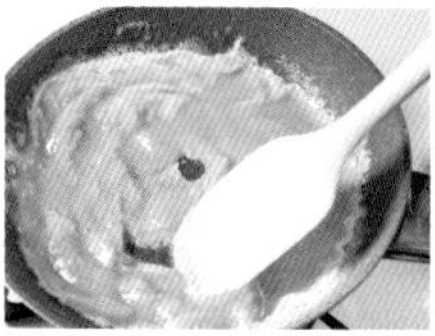

な、なんかけっこうゆるゆるですね……いつも卵料理作るときって「わ～固まる！」って焦っちゃうんですけど、これは……。

そう。卵はほんの少しの加熱で一気に固まるからな。でもこのオムレツは、追われるオムレツやない。追うオムレツや。

追う……オムレツ……？

ふつうのオムレツは、追い立てられるように火を入れて、結果固まりすぎてしまう。でも、いったん火を止めたら、自分の裁量で「もうちょっと固めよう」ってコントロールできる。しかも黄身や牛乳の油分が均一に広がってるから、熱にあたってもすぐ固まりづらいねん。

なるほど！自分で決められるって思うと余裕が出ますね。

そろそろ火つけよ。弱火にしてな。

はい！

フライパンを傾けて、真ん中から向こう側にまとめて。そしたらかたむけたままちょっと焼き付けるで。

え、焼き付けて大丈夫なんですか？

オムレツってな、スクランブルエッグと薄焼き卵でできてるねん。今作ったスクランブルエッグに「皮」を作ってあげなあかん。ここでは表面を固めるだけやから、大丈夫やで。

皮！なるほど。

はい、そしたら手前にゴムベラを入れて押すようにして上下を返すんや。

む、難しい！でも、ほい！

いい感じや！つなぎ目のところを焼いたらもう一回返す。そんで、お皿にフライパンの向こう側をつけて、パタンと……。

できました！あ、形くずれた！最後の最後で取り返しがつかないことを……。

大丈夫！形はなんとでもなる。キッチンペーパーで、きゅきゅっと。ほら！

すごい！取り返しがついた！

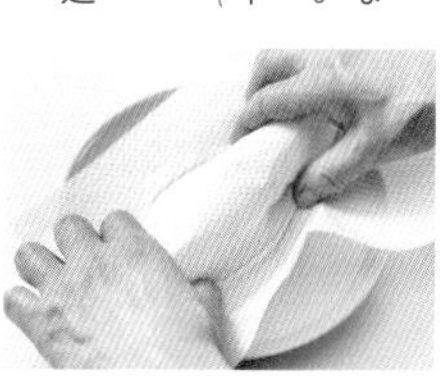

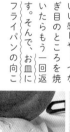

実験レシピ LABORATORY

の焼き時間は？

A ふたしたまま1分焼く

まだ黄身の色が強いオレンジ。明らかに、箸を入れると決壊しそう……プチン。やっぱり決壊した。とろとろで食べたい人はこれくらいで。

B ふたしたまま2分焼く

箸を入れたあと、ちょっと時間をおいてとろ～りと流れ出てくる。Aよりも表面は白っぽい。これをパンにはさむと、けっこう黄身がポタポタ皿に落ちる。

目玉焼きを、ごはんにのせるか。パンにはさむか。
それともお皿で食べるのか。
シチュエーションによって、黄身がお皿に流れ出るか否かは切実である。
はたして決壊しないギリギリのラインは何分焼きなのか？

材料

卵…1個
サラダ油…小さじ1

作り方

①フライパン（20㎝）に油を入れて**中火**で**1分**熱する。
②卵を静かに油の上に割り入れ、そのまま**1分**焼く。
③**弱火**にし、**ABCD**の方法で焼く。

卵は食べたいけど油で焼くのはちょっと重いかも、という朝はP62のポーチドエッグを

黄身が決壊しない目玉焼き

C 水（小さじ1）を入れて、ふたをして2分焼く

水蒸気で、上からも熱が回ってくるので、黄身の上が白くなった。黄身が流れてくる時間は遅くなったが、まだ決壊しているといえる。

D 水（小さじ1）を入れて、ふたをして3分焼く

少し白身に焦げがついていて、黄身のプルプル感も少ない。箸を入れると、ほどよいレア感。しばらく待っても、黄身が決壊しない！

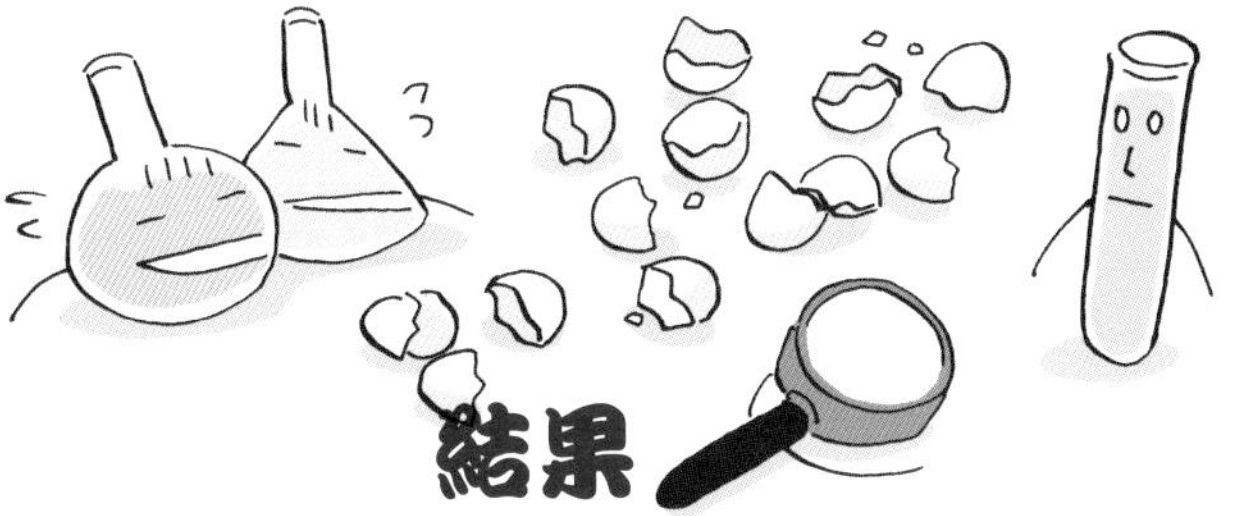

結果

D＝3分なら決壊しない

この実験は、じつは混迷を極めた。水を入れずに試してみたが、白身ばかり焦げて黄身に火が入らない。やはり黄身を固めるには「水を入れてふたをする」という工程が欠かせないことがわかった。卵を入れてからは計4分の加熱。ただもちろん、これは皿を汚さないことが目的なので「気にしない！黄身は流れ出るのが正義！」という方はAの時間を参考に。

もし形のいい目玉焼きを作りたかったら ざるに卵を割ってこされる、水っぽい白身を捨ててから焼いて。この「水溶性卵白」をなくすと、デュルンとした弾力のある濃厚卵白だけが残るから キュッとした形になるで

卵料理・洗い物の負担少ない度ランキング
1位 ゆで卵（鍋のみ）　2位 卵かけごはん（茶碗のみ）　3位 目玉焼き（フライパン、ゴムべら、皿）

TAION

ごはんの朝は
わたしのしっとりハムエッグ

朝ごはんの定番、ハムエッグとベーコンエッグ。
焼き方に決まりはないけれど、
当研究所では
ハムエッグ＝卵といっしょに焼く
ベーコンエッグ＝卵と別に焼く
が、いちばんおいしく食べられると考えた。

｜材料｜
ハム…２枚
卵…１個
サラダ油…小さじ１

｜作り方｜
①フライパン（20㎝）に油を入れて**中火**で**2分**熱する。
②ハムを広げ、さっと上下を返す。
③卵を静かにハムの脇にのせるように割り入れ、**1〜2分**焼く。

ハムエッグは、ハムと卵を同時に焼くのがおすすめ。ハムはソフトで、卵と一体化しやすい。焼いてペラッと香ばしくなった部分と、卵と重なりしっとりした部分。白身がつるりと、黄身がやさしい。おいしさのリズムが不定形なのも楽しい。

食べられるまで ５分

パリの朝は わたしのカリカリベーコンエッグ

ハムは焼いてもカリッとしない。だけどベーコンは、焼くとハードな食べごたえになる。ハムよりも、塩分も脂肪分も強いから、無理に卵と一体化させようとせず、別物として扱ったほうが「おかずが2つ」できてお得。

｜材料｜
ベーコン（ハーフ）…2枚
卵…1個
サラダ油…小さじ1

｜作り方｜
①フライパン（20㎝）にベーコンを並べ、**中火**にかける。
②パチパチしてきたら脂を除きながら**2分**焼き、返して同様に焼く。火を止めて先に皿に取り出す。
③残った脂を軽くふき取り、油を入れて**中火**で**1分**熱する。
④卵を静かに割り入れ、**1〜2分**焼く。

ベーコンは、焼いて少し冷ますと余熱で水分が抜け、さらにカリッとする。半熟ぷるぷるの目玉焼きとカリカリベーコンのしょっぱさ、食感のメリハリが朝を明るく照らしてくれる。

テツローさんのひとりごと
ベーコンから出た脂で目玉焼きを焼きたい……って大将に言ったら「きれいな目玉焼きにならんでもええなら」って言われた。うう……めんどくさいよう。怒られそうだけど、ならんでもええから、そのまま焼く……！

朝食べたのに、夜も食べたい

めんつゆバター厚揚げごはん

これ、作り方がラクすぎて疑いを持っていたけれど、確実に2杯目を欲するおいしさ。バターしょうゆがけごはんだけでもおいしいのに、厚揚げのとろっと感、うまい汁がしみたごはん、すべてがマッチ。「思い出すと食べたくなる味」と研究員も絶賛。

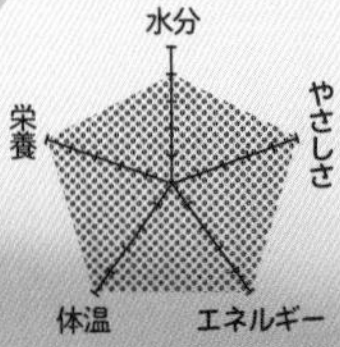

食べられるまで **3分**

材料

厚揚げ（絹タイプ）…1枚（160g）

めんつゆ（2倍希釈）…大さじ3（3倍希釈なら大2）

バター…10g

ごはん…適宜

作り方

① 耐熱ボウルに、一口大にちぎった厚揚げを入れ、めんつゆ、バターを散らす。

② ふんわりラップをして、レンジに**2分**かける。

③ ごはんに汁ごとのせ、好みで七味唐辛子をかける。

実験が止まるほどのおいしさ

オリーブオイルしらすごはん

「オリーブオイルかけごはん、しらす青のり添え」と言ってもいいくらい、オリーブオイルの香りが鮮烈。ただのしらすごはんを、ただものじゃないメニューに変えた。卵黄をのせるとさらにリッチに。

食べられるまで 2分

材料

ごはん…適宜
しらす…20g
青のり…小さじ1
オリーブオイル…小さじ1

作り方

① ごはんを器に盛り、しらす、青のり、オリーブオイルをのせる。

「知性」と「野性」を味わえる
レアたらこごはん

材料

たらこ……½腹

1腹は2本のこと

ごはん……適宜
のり……全形½枚
青じそ……適宜

作り方

① フライパン（20㎝）に油（適量）を**中火**で熱する。
② たらこを入れ、表面を転がしながら**2分**焼く。
③ ごはんにちぎったのり、青じそ、切ったたらこをのせる。

焼く。すなわち人類の叡智である火を用いる。これでたらこの表面に「知性」が宿る。しかし中はレアで、まるで「野性」の味。

生のときはちょっと邪魔な皮が、焼くと「おかず」になって食感に昇華。水分が抜けて、ぎゅっとうま味が凝縮している。

完全に焼いちゃうとポロポロして食べづらいけどレアだとフィットするんだよね

水分
やさしさ
エネルギー
体温
栄養

食べられるまで 5分

どどんと一枚焼き
はんぺんバターじょうゆごはん

|材料|

はんぺん…1枚(120g)
サラダ油…小さじ1
Aバター…10g
水…小さじ2
しょうゆ…小さじ1
ごはん…適宜
細ねぎ(小口切り)…3本

|作り方|

①フライパン(20㎝)に油を**中火**で熱し、はんぺんを入れる。表裏**2〜3分**ずつ焼く。
②焼き色がついたら、火を止め、Aを順に回し入れて絡める。
③ごはんにのせ、細ねぎを散らす。

はんぺんはサイコロ形に切りがちだが、一枚で焼くとしっとり仕上がる。見た目はボリューミーだが、箸で切れるほどやわらかい。細ねぎはマストで。

一見謎の組み合わせだが、「えっ」と声が出るおいしさ。ポン酢の酸味、ごま油の豊かさ、しょうがのパンチ。ハムのミルフィーユ状の層のすき間に味が入りこみ、ごはんが次々ほしくなる。

重ねて切ればごちそうに
ハムごはん

|材料|

ハム(4枚薄切り3連パック)…2パック
ごはん…適宜
Aポン酢…大さじ1
ごま油…小さじ1
水…小さじ1
しょうがチューブ…小さじ1

|作り方|

①ハムは重ねて、放射状に6等分に切る。
②ごはんを器に盛り、ハムを並べる。Aを混ぜてかけ、しょうがをのせる。

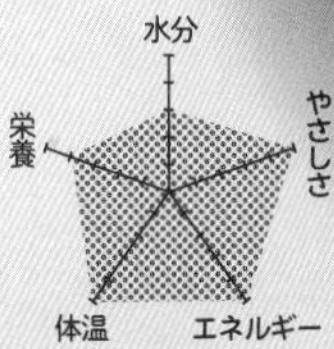

食べられるまで 5分

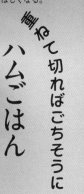

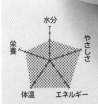

あなたの知らない世界

しょっぱいヨーグルト

オリーブオイル塩ヨーグルト

朝のヨーグルトには、
ジャム、はちみつ、フルーツを合わせる。
「これでいいんだ」と言い聞かせているけれど
自分に嘘を、ついてない？
毎日甘くて、ほんとにいいの？
というわけで、しょっぱく食べる選択肢を
研究してみたら
想像以上においしくなりました。

|材料|
A 無糖ヨーグルト…100g
　塩…ふたつまみ
　こしょう…少々
ミニトマト（半分に切る）…4個
オリーブオイル…小さじ½

|作り方|
Aを混ぜてミニトマトを入れ、オリーブオイルをかける。

はじめの一口で衝撃。ヨーグルトというより、濃いクリームの冷たいスープのよう。オリーブオイルの苦味の効果で、高級なソースだけを贅沢に食べている気分。4枚切りの甘いトーストに添えたい。

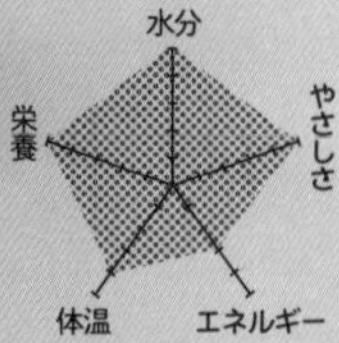

食べられるまで 3分

塩昆布ヨーグルト

クリーミーな中に、塩昆布の塩気と食感。細ねぎの香りで、まさかの和の風味に。これはみそ汁代わりになるやも。ふろしきおにぎりや、白パンサンドに添えたい。

|材料|

A 無糖ヨーグルト…100g
　細ねぎ（小口切り）…3本
　こしょう…少々
　サラダ油…小さじ1
塩昆布…ひとつまみ

|作り方|

Aを混ぜ、塩昆布をのせる。

ライタ風塩ヨーグルト

「ライタ」とは、インド料理のひとつで、カレーの付け合わせなどに出されるヨーグルトのサラダ。薄いきゅうりが折り重なった、ショリショリした音が朝の脳に美しく響く。野菜感もあるので、タンパク質ごはんに添えたい。

|材料|

無糖ヨーグルト…100g
きゅうり（小口の薄切り）…½本（50g）
塩…ふたつまみ
オリーブオイル…小さじ1
こしょう…少々

|作り方|

材料をすべて混ぜる。

LABORATORY
おいしい？実験レシピ

A
5回

食べ心地がよく、つるっとしている。納豆の香りがしっかり伝わってきて自然なうま味。

B
50回

もちっとした粘りを感じる。「常識的な納豆」という感じだが、Aのようなつるっと感はなくなっている。

「いっぱい混ぜたほうが
おいしい」
まことしやかに言われる
納豆の「混ぜ」。
はたして、本当に
混ぜれば混ぜるほど
おいしいのだろうか？

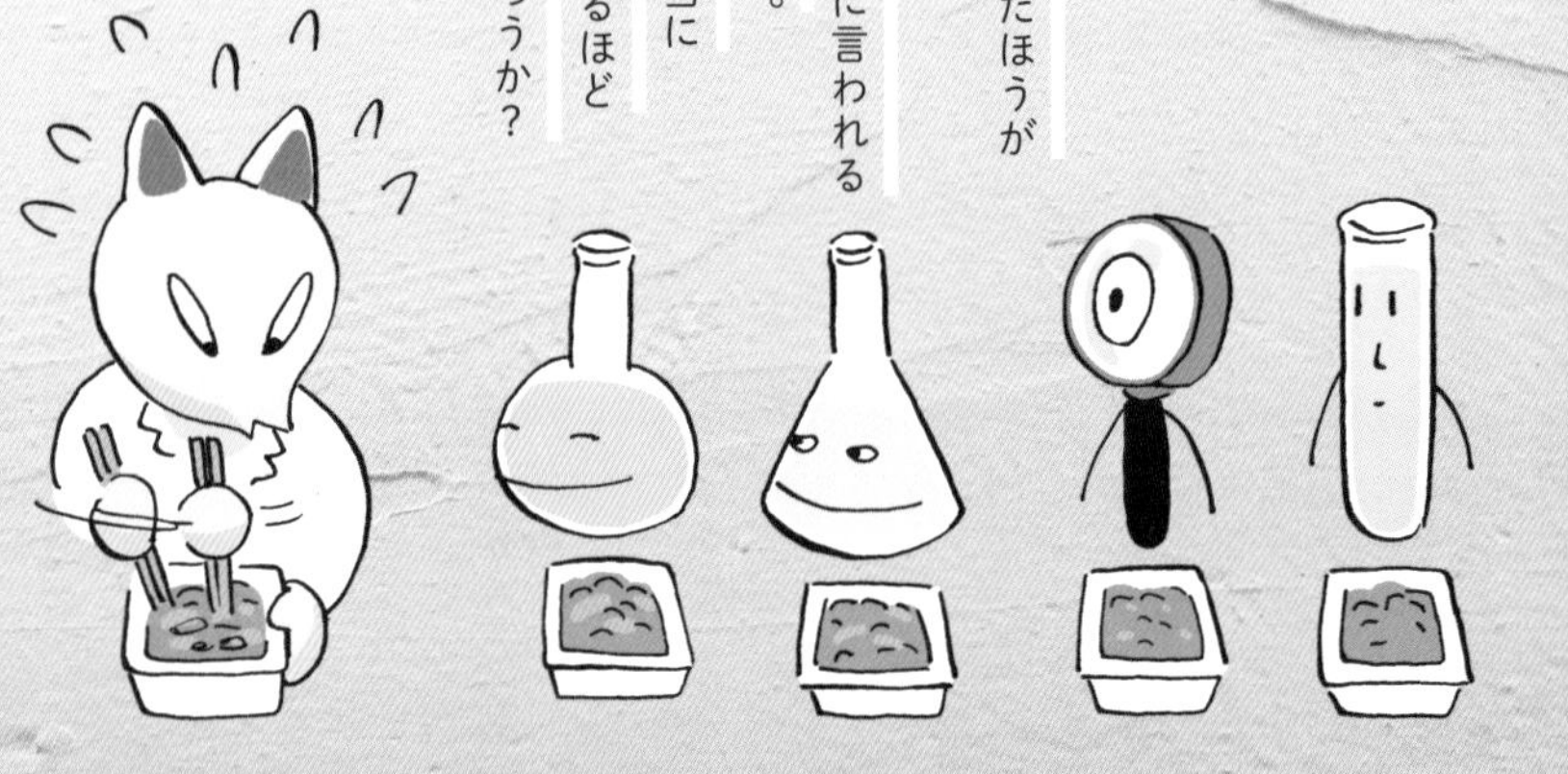

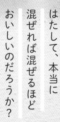

納豆は何回混ぜると

だから言ったのに……
過ぎたるはなお
及ばざるが如し！
1300回で、
底に穴があいた

E	D	C
2000回	400回	100回

げ、まずい。もはやペースト。豆がつぶれて舌触りも悪く、箸で持ち上げてもすぐに糸が切れてぼそぼそしている。納豆が自分らしさを見失っている状態で、食べきるのがしんどい。

かの有名な美食家、北大路魯山《きたおおじろさん》人《じん》の食べ方とされている回数に近いのがこれ。たしかにやや非日常な味はするが、あわあわしていて、豆感が薄い。

Bとそんなに変わらないかと思っていたら、一口目で、なんだかえぐみを感じてしまう。口の中がわりと泡っぽい。

結果

A＝5回がおいしい

ぜー
ぜー

好みは分かれるだろうが、当研究所では「混ぜれば混ぜるほどおいしい」説を肯定する者はいなかった。回数が多いほど泡が増えて、豆ではなく泡を食べている感じになる。50回も決して悪くはなかったが、朝なら納豆のつるっとした食感のほうが心地いい、という意見が多く、5回を優勝とさせていただいた。でも、逆を返せば5回でいいのだ。こんなにラクに、最高においしい納豆が食べられると思えば、あえてこの実験をやってみてよかったと言えるだろう。

納豆のたれ袋一句
「どこからでも　切れます」信じ　裏切られ

料理にあらずサプリなり ちょい足しサラダチキン

コンビニでいくらでも買えるサラダチキン。でも、これは、自分で作ると素材感があってジューシーなおいしさ。1時間お湯にほうっておくだけで、じわじわ火が入って、うま味がぐいぐい引き出される。

どんなメニューに合わせてもまったく邪魔にならないところか、うま味と食感、食べごたえ、ボリュームを足してくれる。健康のために無理やり食べるサラダチキンではなく、ただただおいしいから足したくなるのだ。

材料 作りやすい量

鶏むね肉…2枚（400〜500g）

A
塩…大さじ1
砂糖…大さじ1
酒…大さじ2

作り方

①鶏むね肉は、Aを加えてもみ絡め、**10分**おく。

②鍋（20cm）に5カップの熱湯をわかし、鶏肉を汁ごと入れて**2分**ゆでる。

③火を止めて、ぴったりふたをして、そのまま**1時間**おく。

④取り出して水気をふいたら、サラダ油（適量）を絡める。

油を絡めておくと乾燥しにくいよ。1個ずつラップにくるんで、保存袋に入れておけば、冷蔵庫で1週間は日持ちするよ

↓手で裂いて、刻み白ごま&マヨと和えるとミネラルがとれる。アボカドとサラダにするとビタミンも◎

アレンジ研究 いつもの朝食に足すとどうなる？

サラダチキン¼枚分で、タンパク質は約14gとれる。1食あたり20gを目標とすると、かなりの量が補える。

みそ汁に足す

1.5cm角の大きめサイズに切って、仕上げにさっと入れてあっためる。油も絡んでいるので汁にコクが出るし、大きめに切ればじゅわっとうま味が。P34に加えたら、豪華なおかずみそ汁になる。

カスクートに足す

ソフトフランス10cm長さに切りこみを入れ、マヨネーズをぬり、サラダ菜、スライスチーズ、サラダチキン（薄切り）2〜3枚、マスタードをのせてはさむ。あっさりとしたサンドイッチが、突然カフェメニューに変身。

バタートーストに足す

8枚切りの食パンに、サラダチキン（薄切り）を複数枚並べ、バターをのせて、トースターで焼く。バターがじゅわっとパンにしみて、チキンの皮のプリプリしたうま味。一見地味だけど、鶏むね肉が味わい深く食べ飽きない。

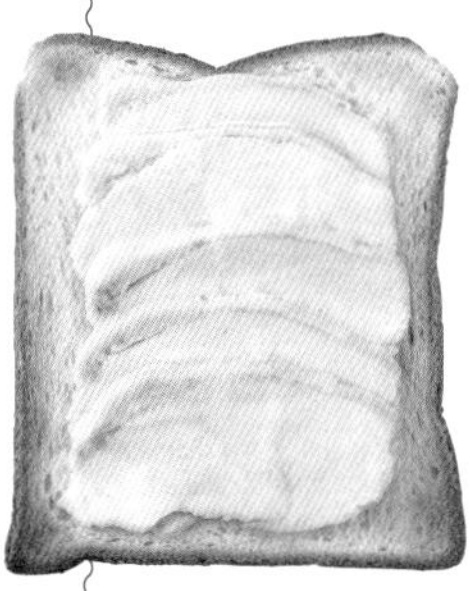

大将のひとりごと

分量を同じにすれば、鶏むね肉やなくて、ささみやもも肉でも作れるで。脂肪分をさらに減らしたいならささみで、ジューシーなおいしさ重視なら鶏もも肉がおすすめや。

Breakfast In The World

世界の朝ごはんごっこ

1日5食に分けて食べる国。
朝からビールを飲む国。
朝はもっぱら外食の国。
世界の朝ごはんはじつに多様。
家でちょっとだけ
試せるヒントをお教えします。

イギリス

England

イングリッシュブレックファスト

左のアメリカン・ブレックファストに、野菜料理、豆料理、芋料理などが加わった朝食。とにかくボリューミーでリッチ。目玉焼きならサニーサイドアップ（片面焼きで黄身は半熟）、トーストは薄めでカリカリに。焼いたトマトやマッシュルーム、大豆のトマト煮など、ぜんぶワンプレートに盛り、ミルクティーを添えれば英国気分。

France《フランス》

Italy《イタリア》

Spain《スペイン》

Portugal《ポルトガル》

etc.

コンチネンタル・ブレックファスト

訳すと「大陸系朝食」。大陸とはヨーロッパ大陸のことで、火を通さないコールドミール（パン、シリアル、ハム、チーズ、フルーツ、ヨーグルトなど）をベースに、飲み物を組み合わせたシンプルな朝ごはん。パンとコーヒーだけの朝も「コンチネンタル・ブレックファストだよ」と言えば「お、おお」と納得。

アメリカン・ブレックファスト

コンチネンタルに、温かい卵料理、火を通したソーセージ、ベーコンなどのホットミールが加わったもの。ニューヨークに移住したユダヤ人から広まったベーグル、エッグベネディクトなどもアメリカ風。アメリカ南部の伝統的な朝食に、トウモロコシの粗挽きを水や牛乳で煮た「グリッツ」というおかゆのようなものもある。

the U.S.《アメリカ》

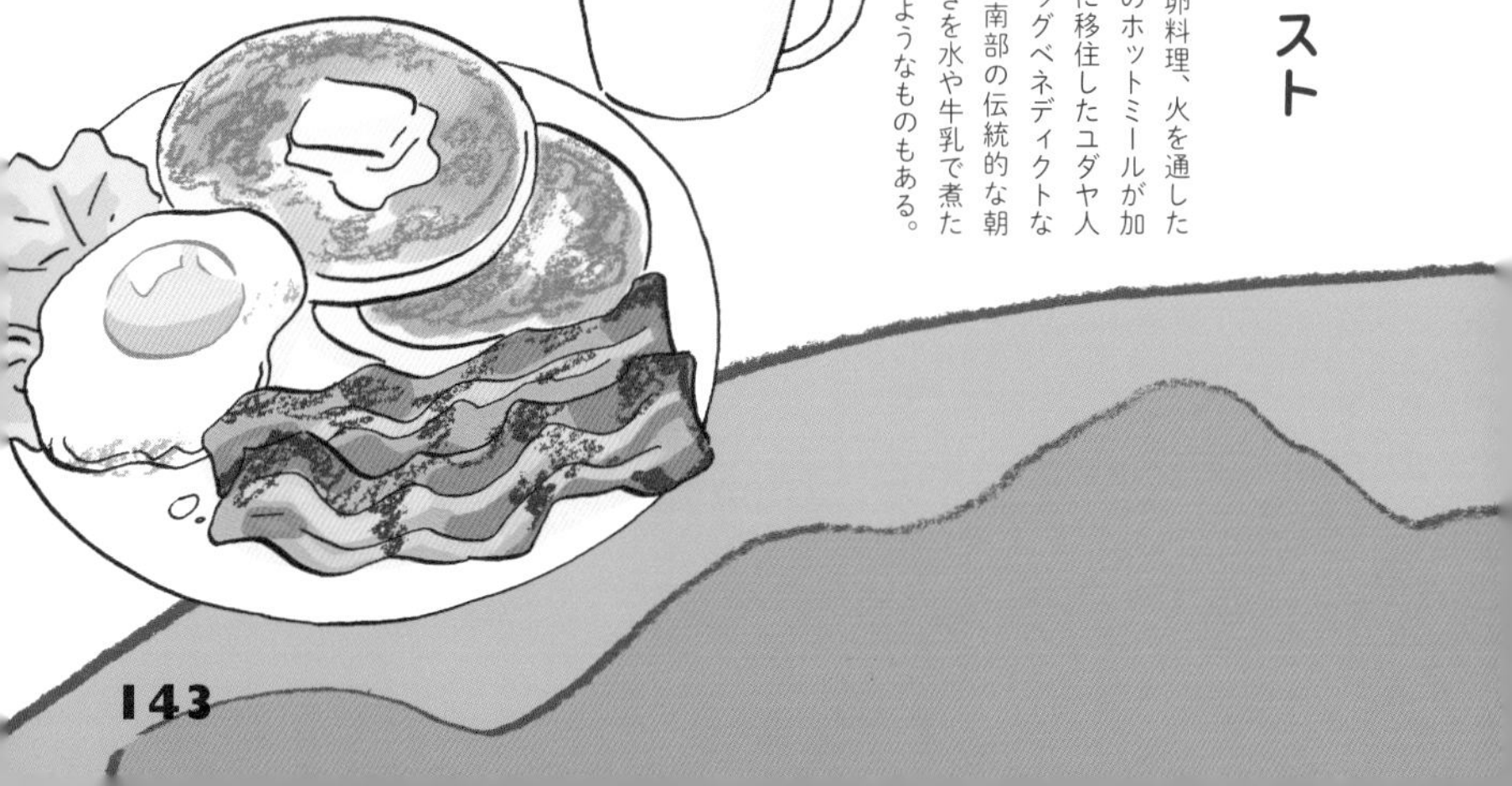

Germany《ドイツ》

黒パンにハムとチーズ

無形文化遺産に「ドイツパン文化」が登録されるほど、パンが欠かせないドイツ。種類も豊富で、なかでも少し酸味がある黒いライ麦パンはドイツならでは。薄く切ってバターやはちみつ、チーズやハムでいただく。卵は、エッグスタンドにのせた半熟卵が定番。ドイツは朝食を2回とる習慣があり、一度目は起きてすぐ、二度目は10時ごろに食べるそう。

Ukraine《ウクライナ》

サワークリームを使う

ウクライナでは、サワークリームなどの乳製品がよく使われるらしい。乳脂肪分の多いヨーグルトなど、オムレツに使うと舌触りがなめらかになる。野菜はブロッコリーやトマトなど、なんでもOK。ふたをして弱火にして焼き上げ、パンを添える。

ベトナム
Vietnam

フォー

朝は屋台で食べることが多いベトナム。なかでも米でできた麺料理であるフォーは人気メニュー。あっさり塩味のスープに香草や牛肉、鶏肉がのっている。家で作るなら、鶏がらスープのもとで汁を作り、米麺を入れ、サラダチキン、細ねぎを入れるだけでもそれっぽくなる。

オーストラリア
Australia

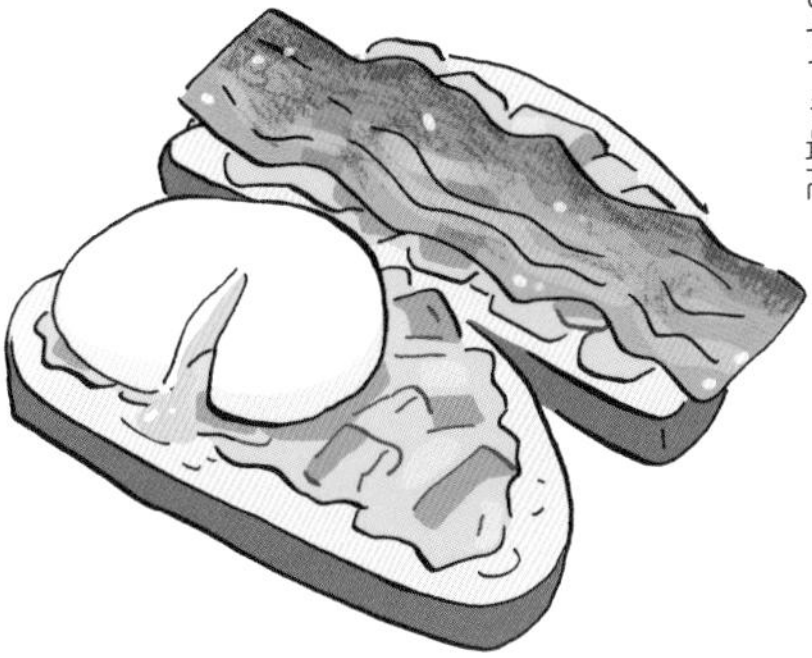

アボカド・オン・トースト

早寝早起きな国民性で、「世界一の朝食」と言われたカフェもシドニー発祥。アボカドがたくさんとれるオーストラリアでは、つぶしたアボカドにライム（レモン）果汁や塩、こしょう、オリーブオイルを加え、トーストにのせたメニューがカフェの定番。ここにベーコンや目玉焼き、ポーチドエッグをのせても最高。

コロンビア
Columbia

チャングア

いわゆる卵を落としたミルクスープ。長ねぎの青い部分、牛乳と水を鍋にかけ、沸騰させない程度に温めたらねぎを取り出す。塩で味つけし、卵を入れる。パンをひたして食べる。にんにくのほか、チーズやトマト、パクチーを入れることも。

テツローさんが作ってみたら

11月7日（木）

「ヨーグルトって、飽きるんですよね」。朝、中野さんと駅でばったり会ったので、会社まで話しながら歩いた。「ジャム、はちみつ、フルーツ。だいたいこのループ。別に毎日、甘ずっぱいものばっかり食べたいわけじゃないんですけど」と言うので、せっかくだから、しょっぱいヨーグルトの話をしようと思ったら、中野さんが「あっ、山ノ内さん、今『そうまでしてヨーグルト食べなくても』って思ったでしょ〜。でもやっぱり乳酸菌ってとりたいじゃないですか！」とずっとしゃべっていたので、口をはさむ余地がなかった。

会社に着くころに「……あの、ぼく、最近、しょっぱくして食べるのにハマってて」と言うと「えー！　なんでもっと早く教えてくれないんですかー!!」と怒りながら笑っていた。今日はいい天気。

11月29日（金）

昨日、夢に目玉焼きが出てきた。黄身を決壊させようとするペンギンと、それを食い止めようとするアザラシが、フライパンの上で滑りながらミュージカルを繰り広げていた。起きたとき、これは何か深層心理を表しているのだろうか、と難しい顔になってしまったが「あ、昨日、卵を買ったからだ」と気づき、探究心はしぼんだ。目玉焼きは、ギリギリ決壊しない程度に焼き、ふろしきおにぎりに入れた。

12月10日（火）

今朝は肌寒い。だけど、最近、夏が長くていきなり冬が来るから、今の時期はそれくらいであってくれと思う。そろそろかな、と冬物のコートを出した。たしか、かれこれもう20年くらい着てるんだよな。これ着ると、フミコがいつもほめてくれた。あっちはコート、いらないんだろうな。

出勤すると、小林さんが「あ、そのコート見ると冬って感じがします」と言った。小林さんは、毎朝納豆を400回混ぜるらしい。

栄養の朝

ビタミン・ミネラルのこと

あ、すみません
なんか風邪っぽくて疲れてるのかな?
コンコン
そんなときは
コン
果物!野菜!
ドドン!
朝の果物は金っていいますもんね
たしかにちょうどいい気がするけどなんでだろ
果物に含まれるビタミンC!
これが体の調子をととのえてくれんねん
あと、ビタミンCは体にためておけへんから朝とるのが理にかなってる
「体の調子をととのえる」よく聞くなあ
でもどういうことかはよくわかってないかも…
スッパ〜
ビタミンと、カルシウムなんかのミネラルは
専門職人みたいなもんやな
?
モン
セン
職人
また新しいのが…
そんなテツローさんのために代表的な職人をまとめてみたで

ビタミン

A・C・E この3つは、抗酸化ビタミン

加齢による細胞の老化や、小腸にある免疫細胞の減少をおさえるのに有効。どれか1つではなく、3つをとることで相乗効果がある。毎日元気に生活するための、さびない体を作ってくれる。

ビタミンA

タンパク質や脂肪などを消化吸収、また消費するために必要。
体の中にためられた皮下脂肪などは、
この栄養素の働きで、エネルギーとして使われる。
粘膜や皮膚の健康維持にも使われる。
視神経を丈夫にする効果も。

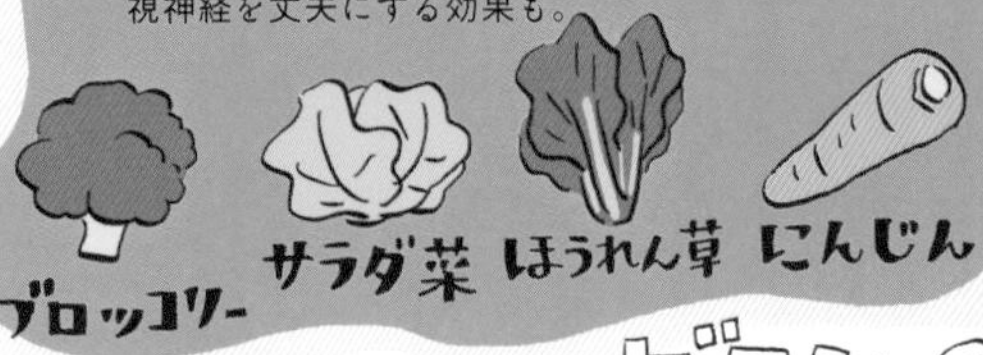
ブロッコリー
サラダ菜
ほうれん草
にんじん

ビタミンC

タンパク質をコラーゲンに
作り替えるときに必要。
熱に弱いので、生でとるほうがよい。
火を使わず調理できることもあり、
朝とるのに適した栄養素。
ストレスに抵抗するには不可欠。

サラダ菜
いちご
キウイ
レモン

ビタミンE

油の形をしているビタミン。
血液の流れをよくしたり、体の中に
できた悪いものを正常な状態に
戻したりする。
流れをととのえる役割。

OLIVE
オリーブオイル
ごま油
ブロッコリー

ミネラル

カルシウム

乳製品に含まれるカルシウムの吸収率は絶大。
カルシウムは、とりすぎても体にためておける。

カルシウムを骨の材料にするためには、いっしょにタンパク質をとらないと骨にならない。「人材不足」になると「骨を継続させるための補強工事が行われない」ことになる。

MILK
チーズ
牛乳
ヨーグルト
乳製品
わかめ
のり
海藻

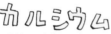

なるほど
これ見ると専門職人ってのがしっくりきますね
今も体の中では…
みんながんばってくれてるんだ
ジーン
なんか、ありがたいですねえ

ビタミンB1

炭水化物を消費し、
エネルギーに変えるときに欠かせない。
これが足りないと疲れやだるさが出る。
加工肉（豚肉）製品、雑穀からもとれる。

ハム　ウィンナー　玄米

ビタミンB2

タンパク質や脂肪などを消化吸収、
また消費するための酵素の代謝を
サポート。体の中にためられた皮下脂肪などは、
この栄養素の働きで、エネルギーと
して使われる。粘膜や皮膚の健康維持にも。

玄米　卵　チーズ

鉄分

タンパク質やビタミンCと
いっしょにとると吸収率アップ。
朝はとりづらい食品が多い。
鉄分は体にためておけるので、
夜に回してもいい。無理しない。

プルーン・レーズン
ドライフルーツ
納豆

つづく

何もつけなくても味がする幸せ 2%塩ゆでブロッコリー&ウインナー

「朝、マヨネーズのついた皿を洗いたくないな」と口をとんがらせていたら「あれ、ゆでるときに味をつけちゃえばいいんじゃない?」とひらめいた。

いろいろ試した結果、3カップのお湯に小さじ2、すなわち2%の塩分濃度でゆでれば、ブロッコリーは、ベストな塩加減で食べられることがわかった。弱火でゆっくり火を通すことで、ブロッコリーのうま味も強まる。

しかもいっしょにウインナーをゆでれば、脂ももらってさらにうま味増。弱火の作用で、ブロッコリーはポリッとほくほく、ウインナーもパリッとジューシー。一度に2品、へいおまち。

「ゆでる」っていうのはじつは朝にいい調理法なのよ。止まった空気が動き出して、部屋の湿度と温度も上がるから

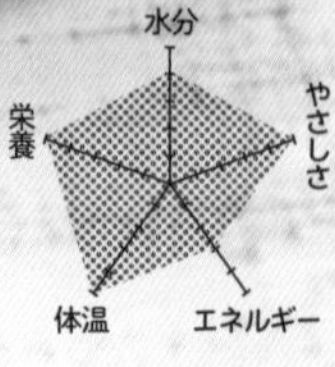

食べられるまで **5分**

材料 2人分

- ブロッコリー…½房（100g）
- 塩…小さじ2
- ウインナー…1袋（6本）

作り方

①ブロッコリーは小房に分ける。茎は皮をそいで乱切りに。
②小鍋に3カップの熱湯をわかす。材料をすべて入れる。
③**弱火**にして**2分**ゆで、ざるにあげる。

↓玄米ごはんにのせ、塩ゆで卵ものせて、丼にしても。P106の手づかみドッグとの相性も◎

比較検証！

青い野菜は新鮮なうちに

春夏に旬を迎える、朝の日に青さがきれいな野菜たち。できれば元気なうちに食べてほしい。日持ちしない、足の早い順に並べてみたので、買い物の参考に。

1 アスパラ

ほくほくした食感と独特の味わいが特徴のアスパラ。傷みやすいので、できれば買って3日以内に食べよう。ビタミンA・Cだけじゃなく、「アスパラギン酸」も含まれていて、疲労回復にも効果がある。下のほうが筋張っているので、ピーラーで数か所削って。

2 ブロッコリー

3 いんげん

シャキッと鮮やかな歯ざわりが魅力。ビタミンB_1、B_2はもちろんだけど、食物繊維も多くミネラルバランスもよい。低温に弱いので、できれば4日以内に食べて。

4 スナップエンドウ

さやの肉厚なシャキシャキ食感と、ほんのり感じる甘さが特徴。ビタミンA・Cはもちろん、食物繊維やビタミンB_1も含まれている。青い野菜の中では長く、1週間ほど日持ちする。筋をヘタのほうからピーッと取ってゆでよう。

朝まめ知識

ブロッコリーやカリフラワーなど、アブラナ科の野菜は低温が好き。なので、4〜8°Cの野菜室より2〜5°Cの冷蔵庫、できればチルド室に入れておくと、つぼみが花にならずに日持ちする。トマトやなすは、低温だと傷む。

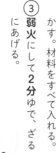

飲むように野菜がとれる

蒸し野菜のくたくた

野菜は食べたいけどサラダはちょっと、という日のための、朝「温野菜」の新定番。フレンチでは「エチュベ」という手法で、いわゆる蒸し煮のこと。少しの水とバター（油）と塩だけなのに、レンジでは味わえない野菜のとろりとした食感や甘み、そしてうま味が前に出てくる調理法。

火入れ加減はお好みで

長めに蒸してつぶして牛乳を足してポタージュっぽくしてもいいし、最後に水分を飛ばして少し焦がしてもいい。火にかけたあとはほうっておけるから、その間にパンを焼いたりコーヒーを淹れたりできる。

アレンジが幅広い

野菜単体で食べるのもいいけれど、ハムを混ぜる、スクランブルエッグに添える、カリカリベーコンをのせる、ポーチドエッグをのせるなど、朝の脇役として大活躍。バターはオリーブオイルにしても。

1種類の野菜で作ると
ラクやけど、
冷蔵庫にある野菜を
適当に入れても
余裕でまとまるで

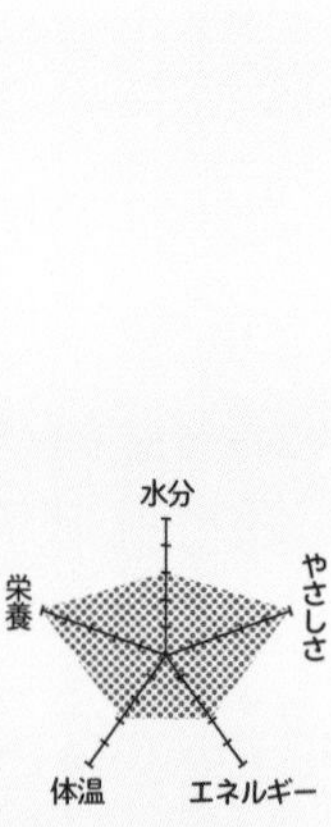

水分
やさしさ
エネルギー
体温
栄養

材料　2人分

野菜…100g
塩…少々
バター…10g
水…1/4カップ

作り方

① ほうれん草は、半分に切る。キャベツは、大きくちぎる。にんじんは、斜め5㎜厚さに切る。パプリカは、2㎝幅に切る。

② フライパン（20㎝）に野菜を広げ、塩をふる。バターと水を入れてふたをし、**中火**にかける。

③ 煮立ったらそのまま**10分**蒸し煮にする。

フライパンごと食卓へ！
ほどよい酸味で洋風の朝に
夏
芯のところまで甘くてジューシー
春
キャベツ
秋
にんじん
くさみが消えて、甘みがましまし
とろとろ贅沢。
牛乳を入れてスープにしても
冬
ほうれん草

大将のひとりごと

けっこう量ができるから、夜ごはんで食べてもええで。味変で粉チーズやミックスチーズ足すと、コク＆カルシウム増強や。味つけがシンプルやから、しょうゆやポン酢をかけて和にふってもうまいで。

レタス、ごめん 朝はレタスより、サラダ菜がいい

ここまで読んでくれたあなたに聞きたい。
じつはこの本、サラダ菜が
やたら出てきていたのにお気づきだろうか?
そう、当研究所では、
朝の葉物野菜No.1にサラダ菜を提案する。
というのも、朝からレタスはめんどくさいから。
レタスは大きく、はがすのが地味に手間だし、
凹凸が多いので、
洗うと水気も
気になる。
一方、サラダ菜
は……?

①準備がラク

芯も小さく葉が巻いていないので、レタスのようにメリッとはがさなくていい。ちぎるのに握力がいらず、葉の表面がなめらかなので洗ったあと水気がすぐきれる。小ぶりで扱いやすいので省エネしたい朝向きなのだ。

②食べやすい

レタスは少しだけ酸味がある。でもサラダ菜は適度に甘みがあり、苦味が少ないため、子どもでも食べやすい葉物なのだ。そのうえ食感もくしゅっとやわらかく、口の中でまとまりやすい。

③機能的

サンドイッチにちょっと青みがほしいときにも使いやすく、おにぎりの下にしくと洗い物も減らせる。栄養も、ビタミンCとカルシウム、鉄分がレタスより多く、とにかく常備しておきたい野菜なのだ。

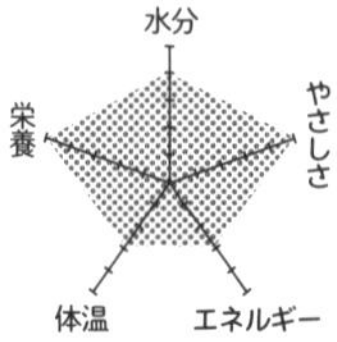
水分
やさしさ
エネルギー
体温
栄養

前に、常連のおばあちゃんが「レタスは重たいから買い物がしんどい」って言うてたねん。サラダ菜は、軽いで!
君にしかできない仕事もあるからさ! 元気出しなよ!
フンだ

生のままなら シーザーサラダ菜

ポイントは砂糖。この甘みが、シーザー味のすっぱさを緩和して、もりもり食べられる。中心部の葉のみずみずしさと、外側の葉のすべすべした舌触り、どちらもサラダ菜の魅力。

|材料 2人分|

A マヨネーズ…大さじ2
- 粉チーズ…大さじ2
- 砂糖…小さじ1
- 酢…小さじ1
- サラダ油…小さじ2

サラダ菜…1株(100g)

|作り方|

①Aをボウルに順に加えて混ぜる。

②サラダ菜は4㎝角にちぎり、ボウルに加えて全体になじむまで混ぜる。

加熱するなら おひたしサラダ菜

|材料 2人分|

サラダ菜…1株(100g)
削り節…½袋(2g)
しょうゆ…小さじ1

|作り方|

①サラダ菜は根元から手で大きく4つに割く。

②小鍋に3カップの熱湯をわかし、サラダ菜を入れ、**30秒**でざるにあげる。水気をきる。

③器に盛って削り節をふり、しょうゆをかける。

食感がしっかり残って、シャキシャキが心地いい。変なえぐみがなく、体がきれいになる音がする。ぺろっと一人で1株食べられそうなピュアなおいしさ。

大将のひとりごと

写真の分量は、サラダのほうは½株で、おひたしは1株分や。加熱すると、1株がこんなに小さくなって食べやすいねん。だからサラダにこだわらず、みそ汁なんかに入れてもおいしいで。名は体を表さへんこともある。

休日、泡とともにブランチで

材料

サラダ菜……1/2株（50g）
玉ねぎ……1/6個（30g）
クリームチーズ……20g
A
オリーブオイル……大さじ1
塩……小さじ1/4
酢……小さじ2
こしょう……少々
スモークサーモン……4枚（70g）

作り方

①サラダ菜は大きくちぎり、玉ねぎは繊維を断つように薄切りにする。
②クリームチーズは一口大にちぎる。
③具を盛り合わせ、Aを順にかけ、スモークサーモンをのせる。

遅く起きた休日、軽めの泡で、ちょっと一杯やれそうな味のサラダ。スモークサーモン＆クリームチーズの脂と塩気で、サラダ菜がワシワシと食べられる。

スモークサーモンのサラダ菜サラダ

サラダ菜はレタスより酸味が少ないので、お酢をかけてもすっぱすぎない。

食べられるまで 7分

平日、朝サラダ派の新定番に

生ハムのサラダ菜サラダ

材料

サラダ菜（ちぎる）…½株（50g）
ミニトマト（横半分に）…4個
きゅうり（5㎜幅に）…½本（50g）
生ハム（ちぎる）…4枚（50g）

A
オリーブオイル…大さじ1
塩…小さじ¼
酢…小さじ1
粒マスタード…小さじ1
こしょう…少々

作り方

① 野菜と生ハムを器に入れてざっと混ぜ、Aを順にかけて絡めながらいただく。

このサラダは、器に盛って、調味料をかけるだけ。市販のドレッシングの強さは夜に回して、朝は野菜のみずみずしさが体にそのまま入ってくる味を。

朝サラダの定番といえば、トマト、きゅうり、レタス。でもこれを、サラダ菜に変えると、なんかラク！ とにかく扱いやすいので、サラダの頻度が増える。

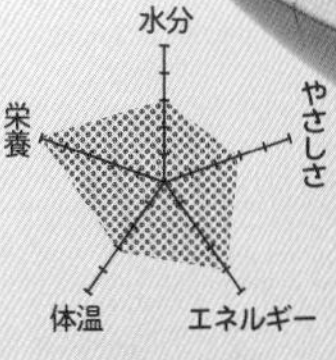

食べられるまで 7分

LABORATORY

ごはんのおともは？ 実験レシピ

玄米ごはんと和のおかず。
いかにも理想的な朝定食。
え？ この中に、
合わないものが、あるの……？

材料

玄米…1合
白米…1合
水…2カップ
塩…少々

玄米ごはんの炊き方

①玄米と白米を合わせて研ぎ、**1時間**水にひたす。水気をきる。
②米と水を内釜に入れ、塩を加える。この割合なら、炊飯器の普通モードで炊ける。

白米を混ぜると、
玄米はだいぶ食べやすくなるよ
初心者の方は
玄米：白米＝1：2から
始めてみてね

合わないもの

第3位 生卵

合わないことはない。だけど、卵かけごはんの「口あたり」「喉ごし」を味わいたいのに、玄米のがっしりした粒感が邪魔をしてくる。「えっと、なんか、噛まないと、ダメかな……？」と思わせてくる圧。粘度のある温泉卵のほうが絡みやすいかも。

油で言うと
×バターじょうゆ
は合わへんけど
○ごま油
○オリーブオイル
は合うで。
油に苦味があるほうが、
玄米の苦味とつながるから
かもしれんわ

Data

↓玄米は、ゆで野菜（ブロッコリー＆マヨ）、生野菜（P157シーザーサラダ菜など）との相性がいい（酸味の強いトマトは合わない）

玄米に合わない

合うもの　第1位　梅干し

あ、合う。これは合うな。玄米のプチプチ感に梅干しのぺったりした塩気が絡んで、一体感がある。白米は、米の甘みがストレートすぎるので、じつはワンクッションある甘みをもつ玄米のほうが、おいしく食べられるのかも。

合わないもの　第1位　納豆

まずくはない。だけど「バラバラ」という印象。ごはんがパラッとしているので納豆の粒感とマッチしない。また、大豆の苦味が玄米の香りと合わない。

合わないもの　第2位　塩じゃけ

まずくはない。でも、こちらも「バラバラ」という印象。玄米の殻の部分がパサッとしていてしゃけと一体化しない。ぜんぜん口の中でつながってこない。西京漬けのしゃけのほうが、みその苦味が玄米のえぐみと共通点になって合うのかも。

結果

納豆は合わない。でも…

もちろん「はぁ!? 納豆、合うよ!」と怒り出す人もいるかもしれない。しかし、当研究所の主観的な判断では、このような結果になった。逆に玄米に合うものは、しらすやレアたらこ（P134）、あじの干物など青背魚は、苦味や香りが意外とマッチ。あとはカレー（P64）のスパイスも、胚芽の香りと食感との相性が◎。

朝まめ知識

炊くときに塩ひとつまみ。すると、玄米の殻の組織が少しくずれて、すき間から水が入りやすくなる。すると皮がパリパリせずぬかくささを感じにくい。塩のナトリウムによるマスキング効果で、玄米のえぐみが緩和される。

揚げてないのに「揚げ物」感覚 生野菜ホットサンド

ホットサンドの魅力とは？

①食パンが「揚げ物」になる

カリカリッと揚げ物の衣のように香ばしいパンに、中の具材がほくほくとろり。でも、揚げてません。ホットサンドの道は、ただのサンドイッチじゃ物足りなくなる、危険な一歩……。

②生野菜がおいしい

生野菜の持つ水分が、パンの内側で蒸されて最高の食感が引き出される。微妙に残っている野菜も、義務的にサラダにするより、ホットサンドにはさめばごちそう化する。

③残り物が生まれ変わる

ちょっと残った炒め物、ちょっと残った煮物。どんな素材も、左の方程式ではさめば「ここ、カフェ!?」とひるむ一品に。フードロス対策にも。ただし、はみ出し注意。

「電気式」と「直火式」どっちがいい？

どちらにも長所と短所があるが、当研究所では直火式をおすすめしている。温度がすぐに高くなるので、パンの香りが強く出てくるのだ。

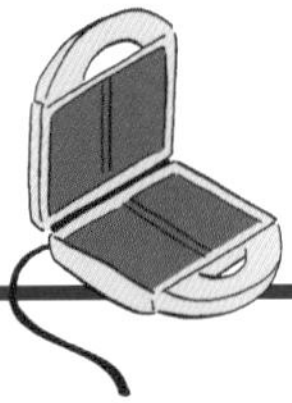

	電気式	直火式
長所	・タイマーがあるのでほうっておける ・鉄板に深さがあると具をたくさんはさめる	・パンの香りが強く出てこんがりする ・電気式より場所をとらない ・分離型だと洗いやすい
短所	・チーズがはみ出て汚れたとき洗いにくい ・場所をとる ・電源を必要とする	・コンロの前にいないといけない ・焦がすリスクがある

直火式の基本の焼き方

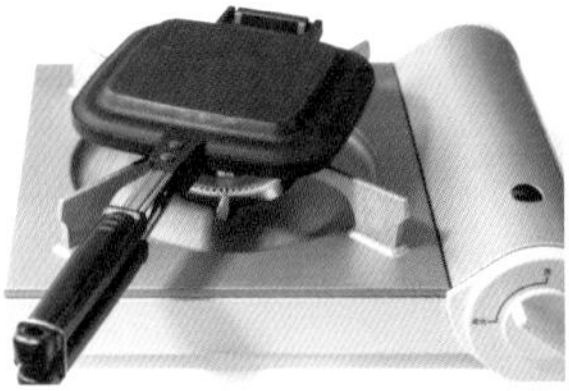

中火で3～4分、返して3～4分。パンがはみ出ていると、炎で燃えて焦げるので注意して。

↓食パンを溶き卵にくぐらせると、ソフトな食感になる

↓ハムをサラダチキンにすると、さらにタンパク質がとれる

こうして重ねる

8〜10枚切り食パン

担当：カリカリ感、香ばしさ

衣は、薄いほうがカリッと仕上がるので、薄いパンを使おう。

チーズ

担当：塩気、とろとろ感

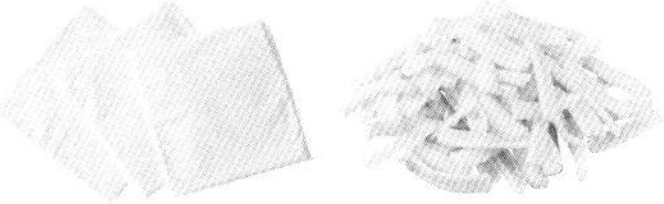

スライスチーズを1枚ペロンとおくのがラク。加熱するととろけるタイプを選んで。もしチーズたっぷりにしたければ、2枚にしたり、ミックスチーズを足したりしても。

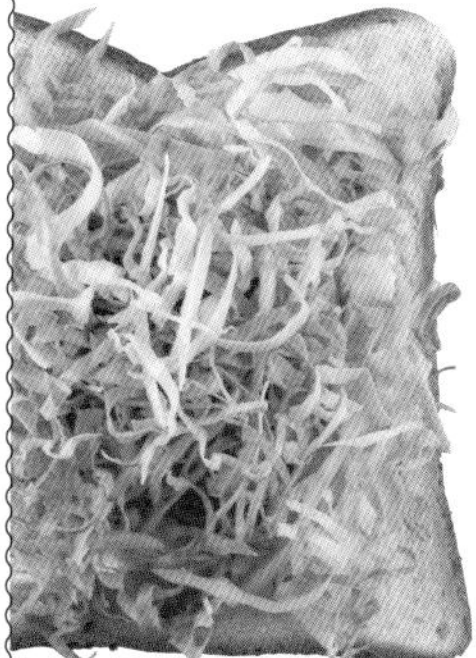

生野菜

担当：食感、みずみずしさ

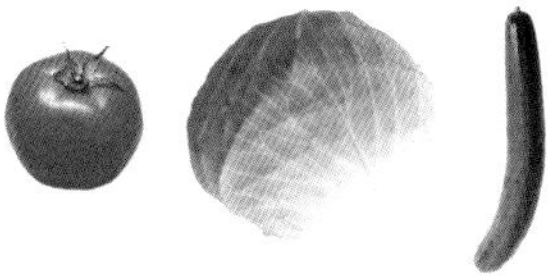

キャベツやトマト、きゅうりなど、生でも食べられる野菜を入れるのがポイント。50〜100gが目安。はさみやすいよう、せん切りや薄切りにして。パンのはしまで広げよう。

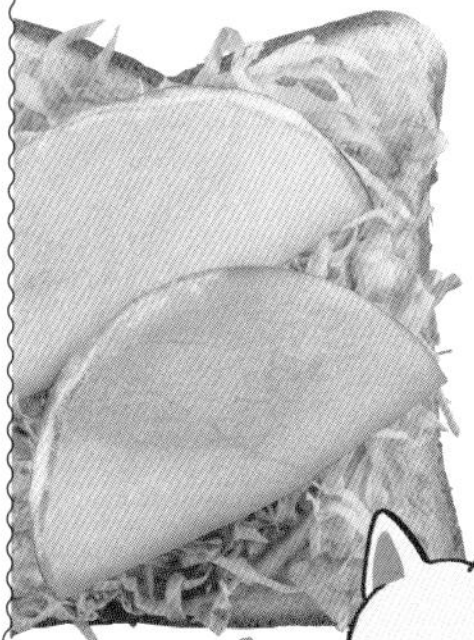

ハム

担当：塩気、脂、みっちり感

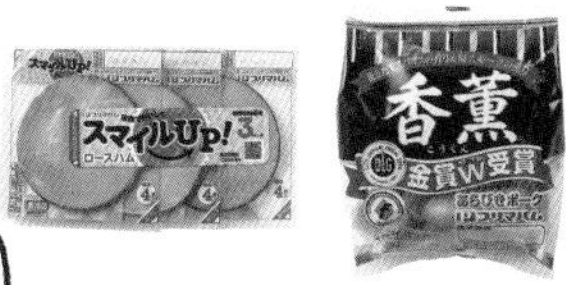

ハムの、ぎゅっと詰まって脂を含んだしょっぱさは、どんな野菜も存分に引き立ててくれる。2枚重ねるとしっかり味が出る。ベーコンや薄切りウインナー、生ハム、スモークサーモンにしても。

この上にもう一枚パンをおいて、はさむ！

EIYOU

Cabbage & Seaweed

キャベツのり ホットサンド

ハム・チーズ・パン以外だよ

| 材料 |

キャベツ（せん切り）1/6個
+のり（全形を4等分して重ねる）

一口目から「あ、2個目食べたい」となるやみつき味。キャベツがチーズに絡み合い、磯の香りが駆け抜ける。のりの有無で、まったくできあがりが違う品。

Tomato & Curry

トマトカレー ホットサンド

| 材料 |

トマト（薄切り）小1個
+カレー粉（小さじ1/2）

思った以上にカレー。トマトのじゅくっとした食感に、煮詰まったうま味。チーズと重なり、食べながら食欲が湧き上がる。火傷注意。

塩昆布きゅうりホットサンド

ソフトフランスでも作れる！
パンを横に切ってはさむ
Salted kelp & cucumber

|材料|
きゅうり（薄切り）½本
＋塩昆布（ひとつかみ）

きゅうりがホットに合うなんて！「え〜」と思わず、一度やってみてほしい。みずみずしさと瓜っぽさが、パリパリのパンと重なり食感祭り。

梅きゅうりホットサンド

ソフトフランスでも作れる！
Pickled plum & cucumber

|材料|
きゅうり（せん切り）½本
＋梅干し（ちぎる）1個分

梅ときゅうりが合うのは知っていたが、そこにチーズとハムが参加するだけで、はじめてのおいしさに。焦げ目の香ばしさにきゅうりのシャキポリが風味を加速。

ぬか床はハードルが高いから

ヨーグルトみそ漬け

朝のおにぎりに添えてあるぬか漬け。「シンプルな朝ごはん」なんてタグがついてそうだけれど、そもそもぬか漬けって、始めるまでが月ほど遠い。でも、この漬物なら、今日から！ すぐに！ できる！

大根はしょっぱすぎないし、ちょっと残ったにんじんもくさみが減って、ポリポリいける。きゅうりはけっこうすぐに味がしみるので、早めに食べて。

みそとヨーグルトを混ぜた、少しテトッとしたみそ床に野菜を漬ける。すると、塩分と乳酸菌が野菜にうつる。ヨーグルトの量が少なく思えるが、みそだけで作るより断然コクが出てやわらかくなる。

材料 作りやすい量

みそ…大さじ5強（100g）

ヨーグルト…大さじ2（30g）

野菜（にんじん、大根、きゅうりなど）…合わせて300g

作り方

①みそとヨーグルトをよく混ぜ、ジップ式の袋に入れる。

②にんじん、大根は皮をむいて縦半分に切り、きゅうりは丸ごと袋に入れる。

③野菜とみそ床をよく絡めて、冷蔵庫で**8時間以上**漬ける。1週間保存可能。

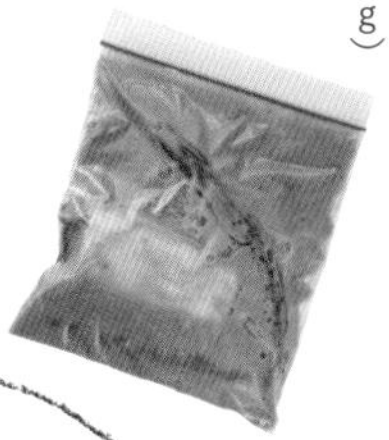

硬いアボカドやゆで卵を漬けても美味

ルーペさんのみそ漬けトーク

…………………………。

みそ床は1回じゃ終わらない

訳：あのねあのね！ 大根やにんじんなら2〜3回は繰り返して使えるよ！ あっ、でもねでもね！ 白菜やキャベツみたいに水分がたくさん出る野菜を使っちゃうとね！ 1回で終わっちゃうよ！ おいしいけどね！

…………………。

洗っても、洗わなくても

訳：あっ、野菜のまわりについたみそ床はどうするかって？ えっとえっと、ついたまま食べてもコクがあっておいしいよ！ あっ、でもねでもね！ 彩りとか、まな板が汚れるのを気にするんだったらさっと洗ってね！ ね！

……？ ……？ ……？

みそ床には先がある

訳：そうそう！ みそとヨーグルトって、それだけでディップになっちゃうくらい王道の組み合わせなわけね！ だからね！ お湯をそそげばコクのあるみそ汁になるし、豚肉の薄切りなんかを炒めるときに味つけにつかってもいいんだよ！ みそはね！ 体にね！ いいよ！

海藻＋大豆＝栄養コスパ◎

ミニばくだん丼

材料

ごはん……適宜
もずく（またはめかぶ）……1パック
ひきわり納豆……40g
塩ゆで卵（P122）……1個
しょうゆ……少々

作り方

① ごはんに、もずく、納豆、卵をのせ、しょうゆをかける。

海藻のこと、正直今日まで忘れてた。でも本当に、食べたほうがいい。だって、よぶんな脂肪も入ってなくて、ほとんど調理もいらないのに、食物繊維や、疲労回復するアルギニン酸や、ホルモンバランスをととのえるヨウ素までとれる。栄養コスパが抜群にいい。

海が近くにない人も、海の近くの定食屋の、まかないみたいな朝ごはん。もっとがっつりな朝はまぐろ、オクラ、長芋を足しても。

もずくの酸味が納豆と合わさると甘酢っぽくなり、卵の塩気と混ざって複雑な味に。酸味が苦手ならめかぶがおすすめ。

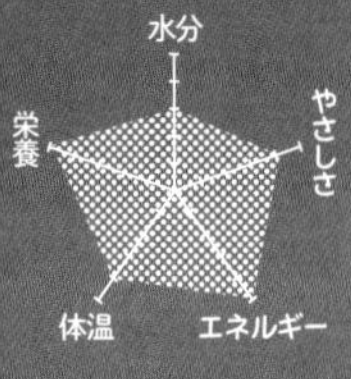

食べられるまで 3分

ぷりっとわかめに濃厚豆腐

豆腐わかめ丼

材料

豆腐（木綿）……1/2丁（150g）
乾燥わかめ……小さじ1
ごま油……小さじ1
しょうゆ……少々
ごはん……適宜

作り方

① 豆腐をくずし、**30秒**ほど水につけた乾燥わかめを混ぜる。
② ごま油、しょうゆを加えて混ぜ、ごはんにのせる。

乾燥わかめがぷりっぷり。豆腐の水分を吸ってふくらむので、スープに入れるよりも存在感を発揮する。反比例して豆腐の水分が抜けて味が濃くなって……なんだこれ、うまい。

肉も魚も入ってないけど、ごま油の香りとしょうゆ感でごはんが進む。めんどくさがりやさんは、お茶碗で材料を混ぜて、そこにごはんを投入すると洗い物が1つですむ。刺激がほしい人は、辛子をつけて。

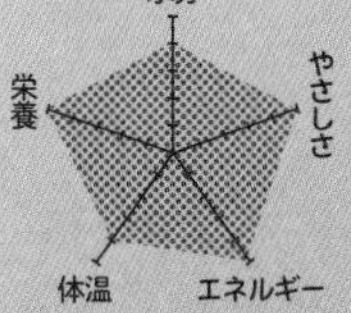

食べられるまで 5分

LABORATORY

実験レシピ

短いフルーツは？

まず、フルーツが台所に出ている状態からスタート。
包丁、まな板がいるものは、さっと洗う時間も含める。

一日にとってほしいとされているフルーツは200g。だけど、とにかく皮むきがめんどくさい。はたして、少しでも早くラクに食べられるのはどれなのか？ 計測してみた。

2位 みかん

8秒

こちらもまな板、包丁いらず。冬だけなのが残念だが、その手軽さは多数常備しておくに値する。小房に分けずにかじれば、もっと早い。

1位 バナナ

3秒

文句なしの第1位。なんといっても、包丁もまな板も使わず、皮を手でむくだけ。輸入ものが多いので、年間通して食べられる。

あんまり昼や夜にフルーツを
食べる機会ってないやん。
だから、朝はフルーツチャンスやねん。
旬のやつ、つねに冷蔵庫に入れとこな

圏外 パイナップル

1分51秒

丸のままのパイナップルを解体。料理のプロが切ってこれなので、素人なら、迷う時間も換算して5分はかかる。ちなみにパイナップルは上下を落として半分にし、くし切りにする。メロンのように皮と身をはがして切ると、見覚えのあるあの「カットパイン」ができあがる。ひまがすぎて何をしていいかわからない朝におすすめ。

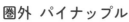

食べられるまでの時間か

ぶどうもいちごとほぼ同じ

5位 りんご

15秒

1個まるごと皮をむいてから切ると3分はかかるけれど、ただ輪切りにするだけならかなり早い。ちょっとずるい方法。芯を残して外からかじっていくスタイルで。

4位 キウイ

12秒

軽く洗って、半分に切るところまで。皮をむかなくても、スプーンですくって食べればOKなので、意外と早い。

3位 いちご

10秒

パックをあけてから、6粒を洗って器に入れるところまで。ヘタを落とすともっと時間がかかるけれど、各自ヘタを持って食べるならこれくらい。

結果

バナナが最短

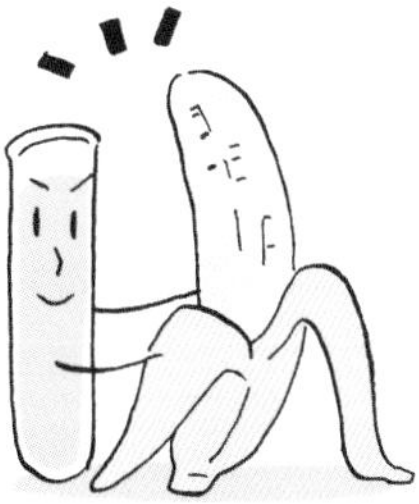

「結局バナナか」研究員からこんな声が漏れた。なんの調理器具も食具も使わず、皮は3回ほどの動作でむける。王者の格の違いを見せつけられる結果となった。次点のみかんもバナナと動作は近く、納得の2位。キウイやりんごも、きちんと皮をむくと時間がかかるが、工夫すればすばやく口まで運べる。ちなみにバナナは皮をむいた状態で1本約100g。みかんも1個約100g。

いちごのパックあるある
横のセロハンテープを力のままに引きちぎり、ひも状にしてしまう。

食べたいものがわからぬ朝に。10秒でC補給
冷凍フルーツ氷ソーダ

ミックスベリー
氷ソーダ
ミックスベリーには、目にいいといわれるアントシアニンや、脂肪を減らすといわれるラズベリーケトンが含まれているなど、いいうわさしか聞かない。あと、色がかわいい。

「体によさそうと思ってフルーツを買うんだけど、ついつい皮をむくのがめんどうで、腐っていくのを見て見ぬふりしてしまう」というお悩み、よく聞く。しかしなんと、皮をむかずに即食べられるフルーツがあるのだ。それがこれ、冷凍フルーツ。

|材料|
ミックスベリー・マンゴー・アセロラ（冷凍）…各50g
炭酸水（無糖）…1カップ

|作り方|
冷凍フルーツをグラスに入れ、炭酸水を注ぐ。洗うか洗わないかは、パッケージの指示にしたがう。

パラパラ
砂糖（大1）をかけてレンジでラップなしで2分チンすると即席ジャムにもなるよ

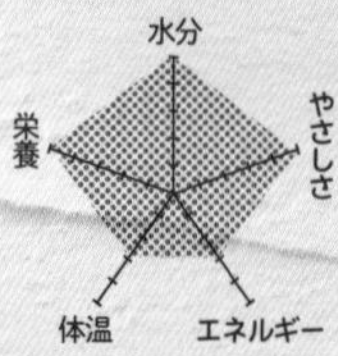

水分
やさしさ
エネルギー
体温
栄養

アセロラ氷ソーダ

アセロラは、ビタミンCがとにかく豊富で、レモンの34倍あるとかないとか。思ったよりもすっぱいので、頭がキーンと冴える味。だけど「Cをとってる!」と心から思える。実感重視のあなたに。

マンゴー氷ソーダ

冷凍マンゴーは、炭酸水を注ぐと表面がとろっとして、つるりとした喉ごし。免疫力を高めてくれるβカロテンもたっぷりで、まるで朝から南国の太陽を浴びているような健康的な錯覚に。

冷凍フルーツは「香りとビタミンがとれる氷」だと思ってごろごろ入れよう。ただ炭酸水を飲むよりもフルーティーで甘みがあるので満たされる。「何食べたいかわからん」と思考がフリーズした朝、とりあえず飲むものに設定を。

じつは、ビタミンCや食物繊維は、冷凍しても成分が変化しにくい栄養素。そして炭酸水は、疲労回復や腸内環境の改善、血行をよくするのにも一役かってくれる。

大将のひとりごと

冷凍フルーツは、いちごやみかん、パイナップルにブルーベリーと、いろんな種類があって、コンビニの冷凍コーナーでも買える。見た目いけすかないけど、スピーディーに作れて体にもいい、実力者やで。

テツローさんが作ってみたら

12月24日（火）

まさか、きゅうりをあったかく食べる日が来るとは思わなかった。大将に教わった「梅きゅうりホットサンド」。言われたとおりソフトフランスで作ってみたら、度肝を抜かれた。たしかに、きゅうりを炒め物に入れるとうまいという話は聞いたことがある。だけど正直、疑っていた。ホットサンドメーカー、買うのを悩んでいたけれど、これだけでも買ってよかったな、と満たされた気分で家を出たら、黒猫の親子がさっと目の前を横切った。……親子。不幸なのか、幸運なのかわからないが、かわいかった。

1月10日（金）

サラダ菜って、正直今まで、買ったことがなかった。「これでサラダを作るのか？」くらいの気持ちでいたけれど、まさかこんなに使える野菜とは。サンドイッチにちょっとはさむだけで、体にいいことしてる気がする。何よりおひたし！ サラダ菜なのにひたしちゃうの？ と思ったけれど、ひたしちゃった。歯ざわりシャキシャキでやみつきになる食感。ナナミが「リュウが野菜ぜんぜん食べない。まじで食べない」って言ってたけど、これだけおいしけりゃ食べるかも？

1月19日（日）

リュウ、一口も食べず。ナナミいわく「まあ葉物野菜なんて、子どもはほとんど食べないよ。でも、あたしが食べてみたかったから。おいしかった」とのこと。そうだったかもしれない。昔すぎて忘れていたけど、ナナミもミズキも、野菜はしょっちゅう残していた。想像力が足りず悪いことをした。

とはいえ、ちょっとリュウの栄養が気になったが、ナナミ「バナナ食べてりゃ大丈夫っしょ！」とのこと。

大将に聞くと「バナナ食べてりゃ大丈夫っしょ！」とのこと。背負わされ方がすごいが、バナナはとかく偉大である。

2月3日（月）

フミコから「栄養ちゃんととってる？」とメールがきた。

大丈夫。最近は、大将のおかげで、朝から野菜とかフルーツをとる方法をたくさん知れたから。とくに冷凍フルーツの便利さには驚いた。マンゴーの表面がとろっと溶けてうまいのなんの。炭酸水もシャキッとして目が覚めるんだよ、と伝えると、「それ、おいしそう！　こっちでもやってみよ」と、おいしそうなマンゴーの写真が送られてきた。そうだ、あっちは常夏か。でも、こっちももうすぐ春が来る。

甘みの朝

何これ!? 高級生菓子じゃん
わがままなチョコチーズ

朝、お腹いっぱいにはなりたくないけど、何も食べないのもいいや。あと、作るのもめんどい。そんなわがまま言いたい朝はこれ。これとコーヒー。

チョコは森永のカレ・ド・ショコラで作るのがおすすめよ。薄さとサイズがちょうどいいの。フレーバーを変えてもいいわよ

薄めの板チョコに、スライスチーズを重ねてはさむ。きれいに切らなくても、ちぎって重ねるだけなら30秒でできる。

チョコだけで食べるより、血糖値が上がりにくいのもうれしい。

チーズのやわらかさと、チョコのパリパリ。甘じょっぱさが頭の中に「!??」を呼び起こす。ちょっとした生菓子をつまんでいるような高級感。「デパ地下で売ってたやつ」と言われても信じてしまう。

「なぜか家にあるあれ」が別物になる

おやつを焼いて朝食に

おみやげでもらったカステラ。実家から届いた荷物に入っていた最中。なぜかたまりがちなおやつたち。そうだ、ちょっとだけ、焼いてみましょう。

焼きカステラ

薄く油をぬったフライパンに入れ、中火でしっかり焼いてみた。すると、焼き目に、ざらめっぽいジャリッとした甘さが出る。

温度が高くなると、甘みを感じやすくなるため、無糖のヨーグルトと相性がいい。「すっぱいんじゃないの?」と思ったけれど、なぜか酸味よりしょっぱさを感じる。水切りヨーグルトにすると、さらに濃厚感が。

甘い朝食をとりたいときは、牛乳たっぷりのカフェオレを合わせよう。乳製品をいっしょにとると、血糖値が上がりすぎない。

焼き バウムクーヘン

バウムクーヘンは、年輪のようになっている層の部分から、空気が入りやすい。だから、焼くと空気が膨張して、ふわふわ、ふかふかの焼き立てのようになる。ヨーグルトをかけると、「生クリーム?」と見まごうリッチさを感じる。

揚げ焼き最中

油を多めにひいてカリッとするまで焼くと、皮がサックサク!油の香りと皮の香ばしさで、もはや新しい和菓子。これ、常に売っていてほしい。安い最中が生まれ変わる。ごま油で焼くとごま団子みたいな風味に。

焼き塩大福

カチカチになってきた大福は、焼けば復活する。塩気がほどよくある塩大福は、しっかり焼き目がつくまで焼くと、お餅がとろんとして、中のあんも香り立つ。これは、熱くて濃いめの緑茶がほしい。

AMAMI

おみやげでもらいがち 余ったジャムは仕事人

ジャムの食べ方は「パンにぬる」以外にもある。じつは、ジャムって「仕事人」。おいしさを底上げする仕事をしてくれる朝の黒子なのだ。

どんなジャムでもできるよ
シャキン!!
おー!!

甘いまま食べる

甘さと香りを足す仕事

いちごミルク

ジャム（大さじ1）に牛乳（100㎖）を混ぜるだけ。給食で飲んだ、甘い粉を入れた牛乳みたいに、いちごの香りが立ち上がる。ジャムは糖度が40%以上あるので、6〜7倍に薄めて5%くらいにすると、「飲み物」になる。

Bonne Maman
Strawberry
ストロベリー
225g

甘さをおさえて食べる

ジャム カマントースト

チーズのクセをおさえる仕事

ソフトフランスを切り、ちぎったカマンベールチーズをのせてトーストし、仕上げにジャムをのせる。串揚げなど、おつまみでもたまにある組み合わせ。カマンベールのカビっぽさが減り、クリーミーでランダムな塩気に、ジャムの甘ずっぱさが強調されておしゃれな味。

生ハム ジャムトースト

「甘じょっぱい」の「甘」の仕事

食パン（8枚切り）をトーストし、生ハム、ジャムをのせる。ポイントは、仕上げのオリーブオイル。辛味と苦味で甘さがおさえられ、青っぽい香りがまるでサラダのよう。生ハムの塩気に、ジャムの甘みが鮮烈。試食の際、次々食べたくなってしまって怖かった。

ジャム チーズサンド

ジューシーさを補う仕事

食パン（10枚切り）に、やわらかくしたクリームチーズ、ジャムをぬってサンドする。ジャムのじゅわっと感がよいほうに作用してジューシー。スコーンにおける「クロテッドクリームとジャム」のように、パンのパサパサを補ってくれる。朝からピクニック気分。

ロシアンティー

苦味を消す仕事

紅茶に余ったジャムを入れるだけ。甘みを足すというより、紅茶の苦味を消す仕事をするので、たっぷり入れても「甘い!」とならない。ちなみに本場のロシアンティーは、ジャムを入れるのではなく、舐めながら飲むらしい。

よし！

ザー
ッ
2分…
チッ
チッ
ジュ〜
ジー
ポッ。
チャ
チャ
チャ
トポポ…
シュワ〜〜…
完成〜

ホテルのモーニングみたい！
カシャ
すごーい！
わ〜〜!!
これおいしい！
しらすとオリーブオイル、合う！ 青のりも！
ベーコン久しぶり
ほら、イスラム教の人が多いでしょ？ チキンと牛肉が多くて
卵めっちゃうまく焼けてる
この塩昆布スープ、今度真似してみよ
フーッ
このソーダ、"映える"ね〜

テッちゃん、ぜんぜん料理とかしなかったのにね～
わたしがマレーシア行ったおかげじゃない？
ははは…
1週間後
フミコは再びマレーシアに
久しぶりににぎやかな1か月だった
同じメニューでもぜんぜん違うもんだな
おいしー
この一人暮らしはいつまで続くんだろう

…いつまで、じゃなくて
このままずっと…？
なるほどな〜
すみません、大将にこんな話…
ええよ〜喫茶店ってそういう場所やん？
そんなテツローさんに悪いんやけど
この店、もうすぐ閉めんねん
え！
今のメンタルにそれはキツイ…
しおれ〜〜
ごめんごめん

でも安心してや！新しい店も計画中～
また うちのボスの気まぐれなんやけどな 突然言い出すからこっちも毎回大変やねん
やるわよ～
なんの店です？
それは…
ドロン
まだナイショや！
ごちそうさま～
喫茶 きつね
OPEN
よかった… 新しい店も楽しみだ
それにしても ボスってどんな人物(?)なんだろう…
フフフ…
END.

朝ごはんのパズルを解くために

「うまく作れない」ときに見直す4項目

①分量は合ってる？

少々＝約小さじ$1/8$

親指と人差し指ではさんだ量。

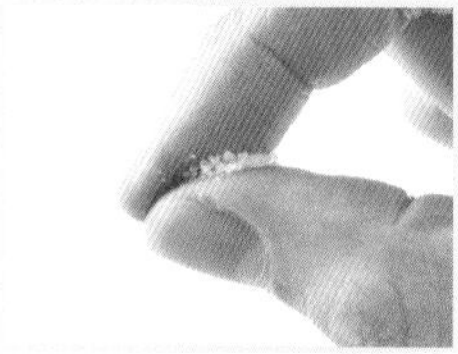

ひとつまみ＝約小さじ$1/4$

親指、人差し指、中指の3本でつまんだ量。

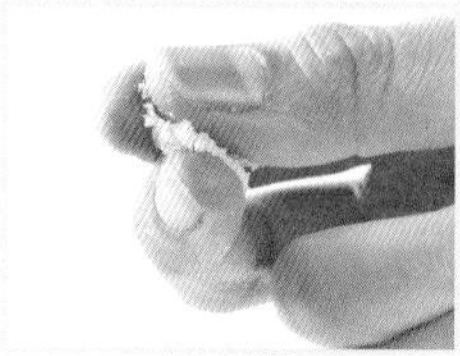

大さじ$1/2$

見た目には「半分!?」と思えるけれど、これがちょうど大さじ1の半分の量。

大さじ1

しょうゆなどの液体は、表面張力で少し盛り上がるくらいが「1杯」。塩などはすり切る。

100gってこれくらい

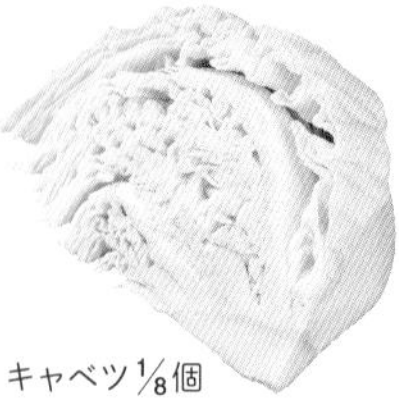

キャベツ$1/8$個

ブロッコリー$1/2$個

きゅうり1本

原寸大

ミックスチーズ30g

②火加減は合ってる？

弱火

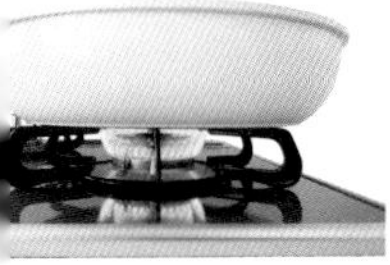

中火

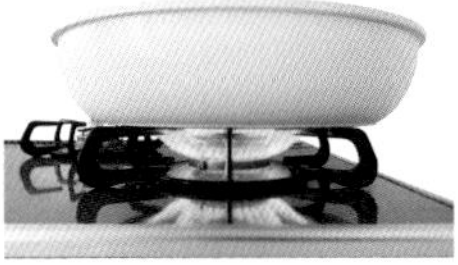

強火

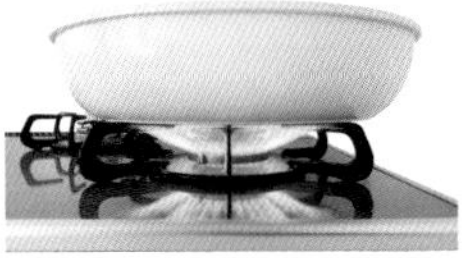

＊レシピによくある「中火で熱し」の目安は1〜2分。

③調理道具は合ってる？

フライパンや鍋の大きさも、直径が数cm違うだけで、仕上がりに大きく影響する。レシピに書かれたサイズのものを、なるべく使ってみてほしい。

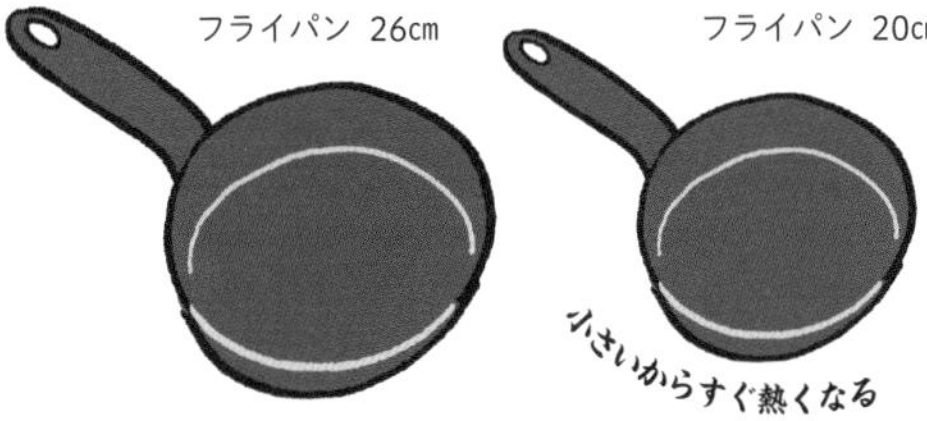
フライパン 26cm
フライパン 20cm
小さいからすぐ熱くなる

④切り方は合ってる？

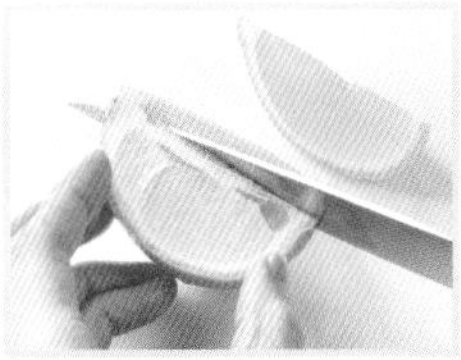

くし切り

球状の素材を放射状に切る。櫛に形が似ているためこのよび名に。

せん切り

素材を極力細く切る。

薄切り

厚みをそろえて、1〜2mm幅に薄く切る。

朝からみじん切りとか
無理やわ〜

乱切り

回しながら、不規則な形に切る。切り口の面積が広くなる。

一応スケール

0
5
10

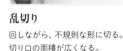

パン

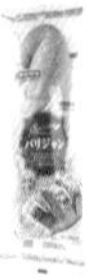

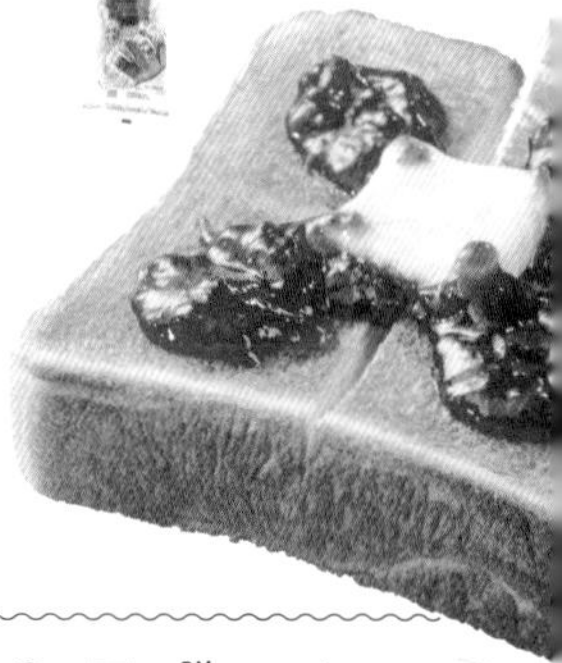

ごはん

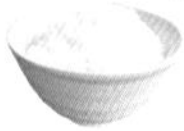

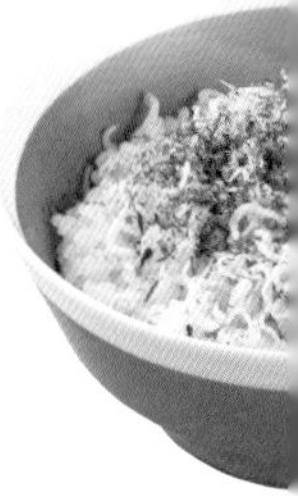

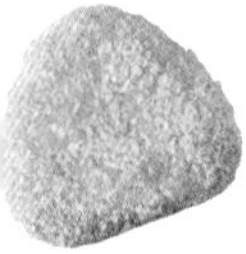

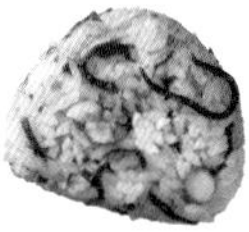

卵

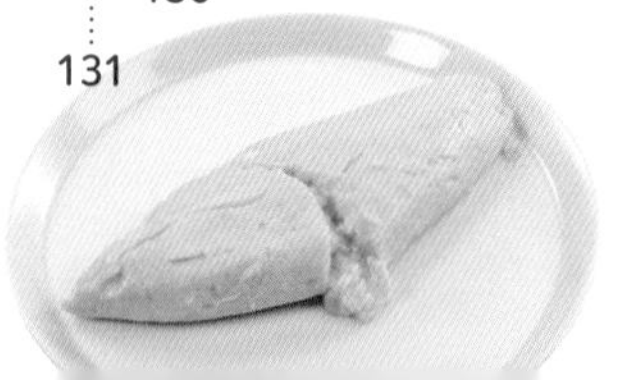

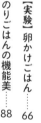

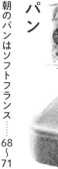

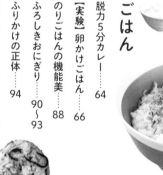

ヨーグルト

牛乳

チーズ

ハム・ウインナー・ベーコン

午前7時の朝ごはん研究所

2024年 5 月15日　第1刷発行
2024年11月20日　第5刷

著者 小田真規子

絵・マンガ スケラッコ

発行者 加藤裕樹

編集 谷 綾子

発行所 株式会社ポプラ社
〒141-8210
東京都品川区西五反田3-5-8
JR目黒MARCビル12階
一般書ホームページ
www.webasta.jp

印刷・製本 中央精版印刷株式会社

ISBN978-4-591-18174-4
N.D.C. 596／191P／19cm

P8008458

ASAGOHAN LABORATORY

著者 小田真規子(おだ まきこ)

料理研究家。栄養士。スタジオナッツ主宰。女子栄養大学短期大学部卒業後、香川調理製菓専門学校で製菓を学ぶ。「料理をすること」も好きだが、より「考えること」が好きで、度重なる試作・研究の末に、食材や調理の原理原則を独自に導き出して概念化し続けてきた。そのため、「作ると料理がうまくなるレシピ」と定評がある。それがきっかけとなり制作した著書『料理のきほん練習帳』(高橋書店)は、シリーズ60万部に迫り、料理レシピ本大賞in Japan 2014入賞もはたすロングセラーに。中学校技術・家庭教科書の料理監修や、食品メーカーへのレシピ提供なども行う。『つくりおきおかずで朝つめるだけ！ 弁当(1～5)』(扶桑社)など著書は100冊以上で、さまざまな料理のブームに先駆け出版しベストセラー多数。『一日がしあわせになる朝ごはん』(文響社)は料理レシピ本大賞in Japan 2016準大賞を受賞。

絵・マンガ スケラッコ

漫画、イラストなどで活動中。著書『盆の国』、『大きい犬』、『しょうゆさしの食いしん本スペシャル』(リイド社)
児童書『うどんねこ』(ポプラ社)など。
最近の朝ごはんはうどん半玉です。

ブックデザイン 中村 妙
題字デザイン 福士大輔
撮影 志津野裕計、石橋瑠美、三浦庸古
撮影アシスタント 内田 淳
(クラッカースタジオ)
スタイリング 小田真規子
調理スタッフ 清野絢子、三浦佳奈、水間あすか
(スタジオナッツ)
朝ごはん好きパズラー 大野正人
DTP 有限会社エヴリ・シンク
校正 株式会社ぷれす

材料表の食材写真などの一部にphotoACの写真を使用しています。

喫茶
きつね
パチン